数字图书馆的信息服务与建设

余晓华 花开瑞 郝冬梅◎著

中国民族文化出版社
北 京

图书在版编目（CIP）数据

数字图书馆的信息服务与建设，余晓华，花开瑞，郝冬梅著．
-- 北京：中国民族文化出版社有限公司，2023.9（2025.1重印）
　ISBN 978-7-5122-1749-2

Ⅰ.①数…Ⅱ.①余…②花…③郝…Ⅲ.数字图书馆-情报服务
-研究Ⅳ.0G250.76

中国国家版本馆 CIP 数据核字（2023）第 151361 号

数字图书馆的信息服务与建设
SHUZI TUSHUGUAN DE XINXI FUWU YU JIANSHE

著　　者	余晓华　花开瑞　郝冬梅
责任编辑	张　宇
责任校对	李文学
出　　版	中国民族文化出版社　地址：北京市东城区和平里北街 14 号
	邮编：100013　联系电话：010-84250639　64211754（传真）
印　　装	三河市同力彩印有限公司
开　　本	1/16
印　　张	12.5
字　　数	200 千字
版　　次	2023 年 9 月第 1 版
印　　次	2025 年 1 月第 2 次印刷
标准书号	ISBN 978-7-5122-1749-2
定　　价	56.00 元

版权所有　侵权必究

目 录

第一章 相关理论基础与概念 ... 1
第一节 理论基础 ... 1
  二、新公共服务理论 ... 2
  三、共享服务理论 ... 2
  四、可持续发展理论 ... 3
第二节 相关概念与技术 ... 5
  一、信息的采集与加工简介 ... 5
  二、信息资源简介 ... 14
  三、"互联网+"简介 ... 20
  四、大数据简介 ... 25
  五、云计算简介 ... 32
第三节 信息服务概述 ... 36
  一、信息服务的含义 ... 36
  二、信息服务的特征 ... 37
  三、信息服务的内容 ... 39
  四、信息服务的要求 ... 40
  五、信息服务的体系结构 ... 41
  六、信息服务类型与服务模式 ... 42

第二章 图书馆信息服务概述 ... 44
第一节 图书馆服务概述 ... 44
  一、图书馆服务的含义 ... 44
  二、图书馆服务内容的形态演变 ... 47

· I ·

三、图书馆服务的主要类型与方式 …………………… 51
　第二节　图书馆信息服务概述 …………………………………55
　　一、图书馆信息服务的类型 …………………………… 55
　　二、图书馆信息服务的主要特征 ……………………… 59
　第三节　图书馆信息服务的发展与演变 ………………………60
　　一、传统图书馆信息服务现状 ………………………… 60
　　二、图书馆信息服务的演变和走向 …………………… 65
　第四节　图书馆信息服务模式 …………………………………71
　　一、图书馆信息服务流程 ……………………………… 71
　　二、图书馆信息服务模式类型 ………………………… 72
　　三、图书馆服务模式的变化 …………………………… 76
　　四、图书馆信息服务变革和创新 ……………………… 78

第三章　数字图书馆概述 …………………………………………85
　第一节　数字图书馆的概念 ……………………………………85
　　一、数字图书馆的产生背景 …………………………… 85
　　二、数字图书馆的概念 ………………………………… 86
　　三、数字图书馆概念的理解 …………………………… 89
　　四、与传统图书馆的差别 ……………………………… 89
　第二节　数字图书馆的特征及作用 ……………………………91
　　一、数字图书馆的主要特征 …………………………… 91
　　二、数字图书馆的作用 ………………………………… 94
　第三节　数字图书馆的基本组成 ………………………………98
　　一、数字化的信息资源系统 …………………………… 98
　　二、图书馆网络通信系统 ……………………………… 98
　　三、数据库管理服务系统 ……………………………… 99
　　四、人才及团队管理体系 ……………………………… 99

目 录

第四章 数字图书馆信息服务 ... 100

第一节 数字图书馆信息服务简介 ... 100
一、数字图书馆信息服务含义 ... 100
二、数字图书馆信息服务的主要特征 ... 100
三、数字图书馆信息服务系统 ... 101
四、数字图书馆信息服务内容 ... 102

第二节 数字图书馆信息服务现状 ... 104
一、数字图书馆现状 ... 104
二、数字图书馆信息服务现存问题 ... 105

第三节 数字图书馆信息服务模式 ... 109
一、单个数字图书馆的信息服务模式 ... 109
二、多个数字图书馆联合的信息服务模式 ... 113

第四节 大数据对数字图书馆信息服务的影响 ... 116
一、大数据对数字图书馆信息服务的挑战 ... 116
二、基于大数据的数字图书馆信息服务内容 ... 117

第五章 数字图书馆信息资源建设 ... 127

第一节 图书馆的馆藏资源 ... 127
一、图书馆馆藏资源的多元化发展 ... 127
二、现代图书馆常见的馆藏资源形式 ... 128

第二节 图书馆信息资源整合 ... 132
一、书目信息资源整合 ... 132
二、数字信息资源整合 ... 132
三、异构信息资源整合 ... 133

第三节 图书馆资源建设的原则与规范 ... 134
一、图书馆信息资源规范 ... 134
二、图书馆资源建设的原则 ... 135

第四节 "互联网+"思维下的图书馆信息资源建设 ... 136
一、"互联网+"思维背景下的图书馆信息资源建设的发展措施 ... 136
二、"互联网+"下图书馆资源建设的主要信息技术 ... 139

三、"互联网+"时代馆藏资源共享 ·············· 142
　第五节　数字信息资源建设 ·············· **145**
　　　一、数字信息资源分类 ·············· 145
　　　二、数字信息资源建设 ·············· 149

第六章　数字图书馆特色资源建设与共建共享 ·············· **152**
　第一节　数字图书馆特色资源 ·············· **152**
　　　一、图书馆特色资源 ·············· 152
　　　二、数字特色资源长期保存的原则 ·············· 153
　　　三、数字特色资源的建设原则 ·············· 154
　　　四、数字特色资源的建设方法 ·············· 156
　　　五、数字特色资源的建设内容 ·············· 161
　第二节　数字图书馆特色资源共建共享 ·············· **170**
　　　一、特色资源共建共享概述 ·············· 170
　　　二、特色资源共建共享的原则 ·············· 174
　　　三、特色资源共建共享的策略 ·············· 179
　第三节　云计算下的数字图书馆特色资源 ·············· **185**
　　　一、云计算下的特色资源整合与共享 ·············· 185
　　　二、云计算下特色资源整合与共享的构建模型 ·············· 189

参考文献 ·············· **192**

第一章 信息服务相关理论基础与概念

第一节 理论基础

一、系统化管理理论

系统管理理论（Application of System Management Theory）是运用系统论、信息论、控制论原理，把管理视为一个系统，以实现管理优化的理论。这种管理理论是20世纪70年代的产物，西方称之为"最新管理理论"。最初表现为"两因素论"，即企业是由人—物两因素组成的系统。创始人卡斯特和卢森威认为人是管理系统的主体。后来发展为"三因素论"，即管理系统由人、物、环境三因素构成，要进行全面系统分析，建立开放的管理系统。系统管理理论的核心是用系统方法分析管理系统。全面科学地对公司的行政、人事、生产、营销、财务等部门进行细化、明确其职能和岗位职责。系统化管理理论示意图见图1。

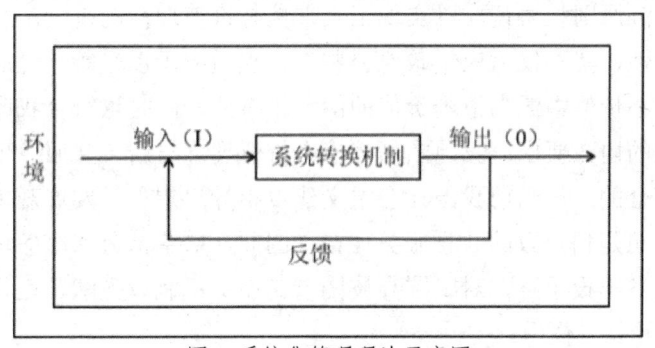

图1 系统化管理理论示意图

系统化理论被广泛应用于高校图书馆机构设置和管理中，随着社会的进步和图书馆的发展，图书馆的功能和作用在高校建设和发展中越来越突出。服务方式和内容也更加丰富，这就要求更加系统化的管理。在高校图书馆信息服务具体的管理中,也要加强系统化管理,使用户更加清晰准确地找到所需内容,为广大用户提供便利。

二、新公共服务理论

新公共服务理论(The New Public Service Theory)是从市场和经济学的角度重塑行政的理念和价值,从而建立了一整套全新的行政发展架构的理论体系,是当代公共行政改革的新模式。新公共服务理论产生于20世纪80年代,是在比较公共行政学管理主义研究途径特别是对新公共管理理论进行反思和批判的基础上,由登哈特夫妇提出来的,是一种更加关注民主价值与公共利益,更加适合现代公共社会和公共管理实践需要的新的理论选择。具体来说,新公共服务理论主张用一种基于公民权、民主和为公共利益服务的新模式来代替之前基于经济理论和自我利益的主导行政模式,并为更适合当代公民社会发展和公共管理的实践需要,提倡公共服务以公民对话协商和公共利益为基础。新公共服务理论是建立在民主公民权理论、社区和公民社会的模型,组织人本主义和组织对话理论基础之上的,其主要内容涉及政府职能、公共利益、战略性思考与民主性行动,服务对象是公民,行政责任复杂,涉及人的价值、公民权与公民服务等内容。

新公共服务理论的核心理念就是力图把以人为本的治理过程和以人为本的服务价值目标相统一;把追求公共利益的社会公平原则与提高公共部门管理效率的经济原则相协调,以实现工具理性与价值理性的统一。所倡导的服务具有普遍性,其不仅适应于政府公共部,也适应以平等、优质、专业服务为行业核心价值中最为根本价值的图书馆事业,同时也符合我国高校图书馆事业发展的内在要求。我国图书馆核心价值理念与新公共服务理论的核心理念是相契合的,与当前我国社会主义建设指导思想科学发展观中的"以人为本"的思想是相一致的共享服务理论。因此,借鉴新公共服务理论,启迪图书馆的服务建设思路,对我国高校图书馆服务机制、方法、途径的创新具有一定的理论指导作用。

三、共享服务理论

共享服务(Shared Services)最早起源于美国大型跨国公司——福特公司。福特公司的成功案例,西方企业纷纷效仿,共享服务理念得以盛行。20世纪末,共享服务理论伴随着外资企业进入中国的浪潮传入中国,共享服务理念也慢慢在国内盛行,国内学者正在不断地完善共享服务理论。秦荣生(2015)指出:共享服务是企业为了降低企业运行成本,提升企业运行效率,通过建设一个流程标准化的平台,将企业分散的人力、物力等资源集中整合的过程。目前,世界众多大型集团都已经在企业内部实施了共享服务。

图书馆作为信息资源共建共享的主体,具有双重身份。一方面,它是信息资源的供给方;另一方面,又是信息资源的需求方。图书馆的服务因为具有公益性、稳定性、系统化和公信力,所以成为为社会提供公共信息服务最主流的机构。树立信息资源共享意识,促进图书馆之间的相互合作互相支持,形成资源共享,加快探索信息资源共享的建设途径,积极扩大图书馆的社会公共服务功能。如今,随着读者需求的进一步提升,图书馆信息资源共建共享的范围也纷纷作出相应的调整,除了进行图书资料、电子信息资源等基础项目的共建共享服务外,高校特色数据库、精品课程、科研人员咨询服务都属于信息资源共享的范畴。

四、可持续发展理论

可持续发展理论(Sustainable Development Theory)是指既满足当代人的需要,又不对后代人满足其需要的能力构成危害的发展。可持续发展提倡的是以人为本,将人类的当前需要和长远需要结合起来;主张将发展主体看成是一个由多方面因素构成的复合系统,通过平衡系统各个方面因素的发展,使主体实现整体的良性持续发展。以公平性、持续性、共同性为三大基本原则。可持续发展理论的最终目的是达到共同、协调、公平、高效、多维的发展。具体见图2。

图2 可持续发展理论示意图

图书馆在可持续发展思想的指导下,把未来整体发展的长远目标作为当代发展的前提,遵循图书馆发展的客观规律,探求符合自身发展规律的模式;在自身发展过程中,随着社会进步和时代变化,满足人们不断增长和变化的信息需求,推动图书馆事业健康、有序、持续发展,使之能够与未来社会目标相适应,并在两者之间形成良性的互动机制。在当今时代,支撑图书馆可持续发展的动力毫无疑问是信息服务,越来越多的用户习惯和依赖电子信息服务,图书馆在提供信息服务的时候为用户进行筛选,节约用户时间,提高效率,这是图书馆可持续发展的永恒动力。

第二节 相关概念与技术

一、信息的采集与加工简介

信息的采集与加工是信息服务工作的基础，离开了信息采集加工，信息服务就不能开展。所谓信息采集，实际上就是根据信息用户的需求，利用现代化技术和手段，在信息的汪洋大海中捕获所需要的信息。信息加工则是对捕获到的各种形式和内容的信息经过科学处理，使之从无序到有序，从而形成一种可以有效查找和利用的系统化服务产品。

（一）信息采集

1. 信息采集的原则

信息采集有以下七个方面的原则，这些原则是保证信息采集质量最基本的要求。

（1）可靠性原则

信息采集可靠性原则是指采集的信息必须是真实对象或环境所产生的，必须保证信息来源是可靠的，必须保证采集的信息能反映真实的状况。可靠性原则是信息采集的基础。

（2）完整性原则

信息采集完整性是指采集的信息在内容上必须完整无缺，信息采集必须按照一定的标准要求，采集反映事物全貌的信息。完整性原则是信息利用的基础。

（3）实时性原则

信息采集的实时性是指能及时获取所需的信息，一般有三层含义：一是指信息自发生到被采集的时间间隔，间隔越短就越及时，最快的是信息采集与信息发生同步；二是指在企业或组织执行某一任务急需某一信息时能够很快采集到该信息，谓之及时；三是指采集某一任务所需的全部信息所花去的时间，花的时间越少，谓之越快。实时性原则保证信息采集的时效。

（4）准确性原则

准确性原则是指采集到的信息与应用目标和工作需求的关联程度比较高，

采集到信息的表达是无误的，是属于采集目的范畴之内的，相对于企业或组织自身来说具有适用性、是有价值的。关联程度越高，适应性越强，就越准确。准确性原则保证信息采集的价值。

（5）易用性原则

易用性原则是指采集到的信息按照一定的表示形式，便于使用。

（6）计划性原则

采集的信息既要满足当前需要，又要照顾未来的发展；既要广辟信息来源，又要持之以恒，日积月累；不是随意的，而是根据单位的任务、经费等情况，制定比较周密详细的采集计划和规章制度。

（7）预见性原则

信息采集人员必须了解社会、经济和科学技术的发展趋势，采集的信息不仅应着眼于当前的需求，而且还应有一定程度的超前性，能预测到未来的趋势。他们必须善于判断发展趋势，跟进潮流，并收集指导对未来发展有影响的预测性信息。

2. 信息采集的途径

信息采集的途径是指获取信息的渠道。不同的信息归属于不同的信息部门，依附于不同载体的信息也储存在不同的地方，相应采集信息的途径也不同。

（1）文献信息

文献信息源的类型包括图书、期刊、报纸、科技报告、政府出版物、专利文献标准文献、会议文献、产品样本、学位论文、档案文献等。其中前八项都属于公开发行的出版物，通过向出版社订购或者在书店购买，其中科技报告、政府出版物专利文献等还可以通过特定的管理部门查询获得。

产品样本是厂商为向客户宣传和推销其产品而印发的介绍产品情况的文献，由厂商发行或者由专门介绍新产品、新工艺的期刊社出版，所以对于企业的产品样本可以从企业内部或者企业产品展销会上获得，或者购买、查阅有关的专门期刊。

学位论文是高等院校或研究机构的学生为取得各级学位，在导师指导下完成的科学研究、科学试验成果的书面报告。学位论文一般不公开发表，所以要获得学位论文必须到相关院校、研究机构查阅；有些国家为充分发挥学位论文的作用，将论文制成缩微胶卷或录入数据库，如"国际学位论文文摘"、

ProQuest 博士论文全文数据库等。

档案文献属于历史记录性文献,一般都保存在档案馆内,只是根据其不同类型保存在不同的档案部门,如人事档案、军事档案、工程档案、基建档案等,必须到相应的档案部门查询。目前有的档案部门已经建立了自己的网站,并设立了检索功能,对于不需要查看原件的档案信息就可以通过直接访问档案网站获得。

(2)实物信息

实物信息作为一种特殊的信息,其采集途径也是多方面的。对于从事考古、生物、地质等研究的人员而言,最具有价值的信息就是实物信息。这类实物信息的采集必须由研究人员亲自到民间、到大自然中去采集。而对于产品类的实物信息则可以从产品经销部门、发布会、展销会、交易会、展览会等获得。

(3)个人信息

个人信息是存在于人脑记忆中的信息,因为其存在形式的独特性,采集途径也是非常独特的,只能通过与个人的交谈、谈论或引发其用文字的形式表述出来。

(4)电子信息

电子信息源包括广播、电视、数据库和网络。广播、电视节目都有一个整体的规划,具体每一个时间段播放不同的节目,广播、电视信息的采集需要根据采集的目的选择信息采集源,即广播、电视的具体节日,然后在具体的时间注意收听、收看节目,或笔录或录音。

数据库作为信息存储的主要工具,其存储形式有光盘数据库、网络数据库,其内容有引文数据库、文摘数据库、全文数据库、题录数据库等。在采集信息的过程中,可以根据实际的设备和需求选择光盘数据库或网络数据库,在数据库中利用各种检索方法检索信息。

网络信息依地理位置分布在世界各地,但它有直接的工具用以采集到遍布世界的信息,如搜索引擎、FTP 文件传输协议、Telnet 远程登录、E-mail 等。

3. 信息采集的方法

信息的采集方法有以下几种。

(1)定题采集与定向采集

所谓定题采集是根据用户指定的范围或需求有针对性地进行信息的采集

工作，是我们常说的定题服务的范畴。而定向采集是指在采集计划范围内，对某一学科、某一国别、某一特定信息尽可能全面、系统地采集。例如对材料专业在一定时间内进行全面的信息采集，以便为用户近期、中期、长期利用。通常定题采集和定向采集在实践中都是同时兼用，这样更能做到优势互补。

(2) 单向采集与多向采集

单向采集是指只通过单一渠道，向一个信息源进行采集的信息采集方式。这种方法针对性强。多向采集是指对特殊用户群的特殊要求而言的，具体说就是广泛地多渠道地开展信息的采集，这种方法成功率高，但是容易相互重复。

(3) 主动采集与跟踪采集

主动采集指针对需求或根据采集人员的预测，事先发挥主观能动性，积极为用户采集信息。跟踪采集指对有关信息源进行动态监视和跟踪，以便更加深入地研究所跟踪的对象。

上面所介绍的信息采集方法在实际应用中很多时候是并用的，对信息采集人员来说，应根据实际情况和用户的需求，在合理分析判断后选择合适的方法来采集信息。

4. 信息采集的程序

信息采集工作和其他工作一样，不仅有自己的原则、方法，而且还形成了符合信息工作特点的程序。这些程序对我们进行信息采集工作具有一定的指导作用。信息的采集程序不外乎有以下几点。

(1) 确定方针

通常，信息采集都把"分工协作、合理布局、资源共享"作为信息采集工作的基本方针。每一个采集系统都要根据自己的目的和任务制定采集方针。这个方针虽然不能解决具体的业务问题，却是指导信息采集工作的总原则和基准。

(2) 制定计划

所谓采集计划就是具体的采集实施方案。它不但要包括具体目标，还要包括解决问题的方法，可以采用一般常用的计划形式，如年度计划、季度计划和月计划等。

(3) 工作实施

信息的采集要求整个过程是连续的，不能"三天打鱼，两天晒网"，否则前面所做的工作就成了无用功。同时，信息的采集需要足够的经济进行支撑，保证整个过程的顺利进行。此外，信息的采集人员还应有一定的社交能力，这样才能游刃有余地应对采集过程中出现的各种问题。

（4）反馈用户信息

信息的采集不是目的，它的根本目的是提供给用户使用。所以，把信息采集到手后并不表示信息采集的完成，而应该收集信息用户的反馈意见，改进工作，进一步提高信息采集工作的质量。

（二）信息加工

1. 信息加工的含义

广义来说，信息加工（Information Processing）译为"信息处理"。对信息的接收、存储、操作运算和传送，或对存贮在信息加工系统中的各种符号结构的操作和处理。按信息加工过程中各个阶段或每个阶段上进行的多个处理间的时序关系，可分串行加工和并行加工两种基本方式。串行加工亦称系列加工，指信息加工的各个阶段严格按照先后顺序进行，前一阶段加工完后的输出作为后一加工阶段开始的输入，或在每个阶段上对信息的多个处理是一个个进行的。后者指信息加工的各个阶段，或每个阶段上对信息的多个处理可以同时进行。广义的信息加工是指信息处理。狭义的信息加工是指信息处理的一个核心阶段，即为达到一定目的而改变收集信息的表现形式和性质的各种工作总称。正是有了信息加工，信息才有可能成为资源，并为广大用户所利用。

信息加工处理是一个系统，随着信息量的增加和载体变化技术的改进，这个体系也在不断完善。每个时代的信息处理系统都从各种角度反映了该时代的处理水平和处理能力。信息加工处理是一项技术性强、服务性好、学术性高的工作，主要过程是根据原始信息和社会的不同需求来选择、区分、分析、组织、公开和组织信息，在此基础上加工具有高价值内容和用户友好性的信息产品。因此，这要求信息工作者具有一定的信息分析能力、熟练的信息处理技术，并能够准确地描述、提炼、总结和研究要处理的信息。信息加工处理工作应有条理、有层次、有系统、有计划、有针对性和侧重性，并要对用户的反馈和对信息处理效果的评估加以重视。

2. 信息加工的"三要素"

在信息加工处理中，信息、人员和设备是信息处理的三个要素。其中，信息是加工生产的对象和材料，也是信息加工的基础。没有信息，信息处理就会失去工作目标。人员是信息处理的主体和关键。这里的工作人员不仅指从事简单工作的操作员，而且还主要指具有信息意识、信息技术和从事智力工作的专业人员。合格的专业人员是质量信息处理的关键，也是信息处理的基本保证。设备是用于处理信息的工具。只有充分利用先进的技术和设备，才能加快信息的分析和处理速度，提高信息的批量生产能力，缩短信息处理周期，努力为客户在最短的时间内提供最新的信息。

3. 信息加工的划分

从不同的角度，信息加工方式有各种不同的划分。

（1）按处理功能的深浅分

按处理功能的深浅，可以把信息加工分为预处理加工、业务处理加工和决策处理加工三类。第一类是对信息简单整理，加工出的是预先信息。第二类是对信息进行分析，综合出辅助决策的信息。第三类是对信息进行统计推断，可以产生决策信息。

随着数据处理加工成为预先信息或统计信息，统计信息将被处理为决策有用的信息。这种类型的转换需要时间，因此时间延迟是不可避免的，这也是信息滞后处理的重要特征，即滞后性，在使用中需要对这一特点加以注意。信息延迟与信息及时性之间存在矛盾，信息工作者应认识到信息延迟，并设法及时减少或消除延迟的限制和影响。

（2）按处理的响应时间分

按处理的响应时间的不同，信息加工的方式又可分为两种类型：一种是将送过来的数据立即进行处理，即时做出响应的"实时处理型"。一般实时处理系统只允许处理已确定的工作，只限于面向常规的作业业务，这是为了保证响应的及时性。另一种是将送过来的数据存起来达到一定数量或时间后，再集中处理的"批处理型"。这种处理方式适用于以下两种统计分析业务：如果不搜集一定数量的必要数据，就没有什么处理意义和效果；没有必要急于得到处理结果。

从发展来看，信息加工正从批处理形式向联机处理形式发展，从事后处理为中心向实时处理发展。

（3）按系统与用户之间的距离分

根据系统和用户之间的距离，信息处理方法可以分为远程处理方法和局域处理方法。远程处理是指用户不必去信息中心而是使用远程计算机通过通信线路进行处理的方式。实际上，远程处理是在Internet上进行长距离处理的一种方法。因为除了终端控制器和通信以外，它与批处理模式完全相同。与远程处理相反，局域处理是指在放置计算机的地方使用计算机的方式。实际上，仅在区分远程处理和局域处理的情况下，才更广泛地使用此概念，这意味着分布在计算机网络上不同位置的计算机各自进行处理的方式为局域处理。

（4）按企事业单位的管理和计算机配置分

按企事业单位的管理和计算机配置，信息加工处理的方式可分为集中式和分布式。集中式是将计算机放在机关单位等指定地方，由中心计算机集中承担处理功能和处理量；分布式是以统一的规划为基础，将适当规模的计算机系统安装在机关单位及其下属单位，分别承担处理功能和处理量。选择集中式还是分布式的时候，要考虑企业的各种内部和外部条件。

（5）按是否运用计算机分

传统的信息处理主要由人脑执行，然后出现了手动设备和计算机。换句话说，通常有两种执行信息处理的方式：手动处理和计算机处理。使用手动管理方法处理信息不仅烦琐且容易出错，此外还需要很长的处理时间，远远不能满足管理决策的需求。计算机、人工智能等技术的不断发展和应用大幅缩短了信息处理时间，满足了管理者的决策需求。同时，人们也摆脱了烦琐的人工管理方法。

计算机信息加工就是利用计算机进行数据处理，而且在处理过程中，又大量采用各种数学模型。这些模型的算法往往是相当复杂的，常常包含大量的迭代和循环。不过现在已经有许多可供选择的软件包，如统计软件包、预测软件包、数学规划软件包、模拟软件包等。

过去，大多数管理工作都是依靠管理者的经验来处理信息，并且某些所需的操作仅限于简单的算术操作和简单的统计处理。随着管理现代化的发展，数理统计和运筹学的许多方法已进入经济管理领域，特别是现代统计方法与信息处理紧密相关。作为信息处理的基本工具，现代统计方法将发挥越来越重要的作用。现在，许多大型计算机数据处理系统通常具有三个库，即数据库、模型库和方法库。通常，模型库是核心，数据库为它提供必要的信息，方法库为它提供相关的方法。方法库包含许多标准算法，模型库存储各种问题的模型，并且数据库具有要使用的数据。其中，模型和方法是相关且不同的。该模型是在管理理论和实践的基础上提出来的，反映了管理中不同因素之间的数量或质量相关性，它是用来描述本领域中的具体规律的；该方法是指一种特定的数学计算方法（例如回归分析方法、趋势外推方法、博弈方法等），与管理无关。因此，模型可以使用不同的方法，并且多个模型也可以使用相同的方法。从应用的角度来看，模型是实质性的内容，方法是工具。

4. 信息加工产品

（1）信息加工产品的形式

信息加工产品有多种形式，按照载体划分可以分为卡片式、书本式、缩微式、机读式、网络数据库；根据加工深度的不同可以分为二次信息加工产品、三次信息加工产品等。

（2）信息加工产品的组织

所谓信息加工产品的组织就是将已经记载信息特征的各种记录按照一定的规则和方法排列有序，组织成一个整体，供用户使用。信息加工产品的组织有以下内容。

①题录

又称篇目索引、篇名索引，也称为简介、资料等。主要是针对各种报刊、丛刊、集刊等文献中所刊载的各种论文，以"篇"为单位，文献题名为标目，并以文献的外表特征为描述对象，按照一定方法组织条目的检索工具。其特点是以"篇"为单位，描述文献的外表特征，编制简单，报道迅速，著录项目简单、明确，客观准确，条目短小精悍，具有可靠性，取材系统广泛。题录不仅可以提供文献线索，系统、有序报道文献，指导科学研究，而且还由于反映信息量大，所以受到用户的重视。

②书目

书目作为书目资料的一个重要组成部分，其历史悠久。由于科学文化的发展和文献数量的急剧增加，书目的作用正越来越受到人们的重视。可以说，书目是记录文献的清册。每个国家都有自己的历史，在历史发展中会产生众多的文献，书目就是记录。而且书目还是科学研究的指南，每个人在进行科学研究时都是在前人的基础上进行新的创造，而图书馆文献浩如烟海，书目可以帮助人们在最短的时间里找到自己需要的文献。

书目有各种形式，主要有国家书目、馆藏书目、推荐书目、专题书目、地方文献书目、个人著述书目等。随着信息技术的发展，目前书目数据库已经得到了广泛应用。

③提要

所谓提要，是指根据一定需要，对文献内容和特点所做的说明。它是揭示文献内容最常用的也是最基本的一种方法，提要是简要揭示文献内容的最好的形式，它可以帮助读者了解文献的内容梗概，便于读者选择文献，便于读者鉴别考证历史文献。

提要可以分为叙述性提要、推荐性提要、学术性提要、罗列性提要和考证性提要五种。其特点有三个，一是语言的概括性，它把数十万字的著作，用高度精炼、概括的语言介绍给读者，而且还要反映出文献的主要内容和特点；二是叙述评价的客观性，它在揭示文献时坚持了辩证唯物主义和历史唯物主义的方法论，对文献内容的叙述实事求是，对文献特点的评价公正客观；三是内容信息的参考性，提要所提供的信息虽然能使读者了解文献的概貌，但是主要是供读者参考，作为选择、鉴别及查阅文献的依据，不能代替原始文献的阅读。

④文摘

国际标准化组织（ISO）对文摘的定义是指一份文献内容的缩短的精确表达而无须补充解释或评论。

我国国家标准《文献编写规则》（GB6447-86）对文摘的定义是：文摘是以提供文献内容梗概为目的，不加评论和补充解释，简明、精确地记述文献重要内容的短文。

由此可见，文摘就是一种以精炼准确、不加评说的文字摘述文献重要内容的信息加工产品。这既符合文摘的本意，又符合信息时代的需求。文摘不仅是一篇摘要短文，在多数情况下，它是以文摘刊物的款目形式出现的，所以文摘刊物从某种程度上说，也是信息加工产品。

文摘有报道文摘、指示文摘两种；如果从文摘的编者来分，还可以有作者文摘和非作者文摘；从文种来分，有中文文摘、英文文摘、俄文文摘等。不论是何种文摘，都具有浓缩性、情报性、真实性、独创性、检索性、无国界性的特点。它可以指导检索，让读者克服语言障碍，扩大阅读范围，节约阅读时间，了解最新文献信息。

二、信息资源简介

（一）信息资源的概念

从"信息"与"资源"角度来定义，信息资源是"信息"和"资源"这两个概念整合衍生出来的一个新概念。《现代汉语词典》对"资源"所下的定义是指"生产资料或生活资料的天然来源"。从一般意义来说，资源是指自然界和人类社会生活中一种可以用以创造物质财富和精神财富的具有一定量的积累的客观存在形态。

与信息的定义一样，信息资源（Information Resources）的定义目前仍是众说纷纭，其核心是对"信息""资源"二词的理解及对二词语法结构的理解（是偏正结构，还是并列结构，何为中心词）不同，是信息化的资源，还是资源化的信息，还是资源仅为同位语，可有可无？

按照目前的观点，信息与信息资源可视为同义语。在英文中，"资源"一词为单数时，则是指信息本身。但在有些场合，尤其是二词同时出现并且需要严格辨析时，两者还是有区别的。信息是普遍存在的，但并非所有的信息都是信息资源，只有经过人类加工、可被利用的信息才可称为信息资源。在英文中，"资源"一词为复数时，常指信息及信息有关的设备、人员等的集合体。我们认为，信息资源是人类存储于载体（包括人脑）上的已知或未知的可供直接或间接开发和利用的信息集合。它包括未经加工的原始信息资源（或叫作"信息资源"）、潜在信息资源和主体感知和加工的信息资源（或叫作"熟信息资源"或为"现实信息资源"）。对于不同的主体而言，"生""熟"的程度具有相对性。信息中的载体信息和主体信息是信息资源的最基本的组成部分。

从"资源"的角度来定义。《辞海》释"资源"为：资财的来源，一般指天然的财源。这一释义首先表明，资源一词源于经济学范畴。其次，就其对象的本体论意义：一者，它是物质（包括人造物质）的一种派生属性；二者，这种属性只相对于人类才具有意义（即有用性）。

将信息（知识、情报）视为一种资源的思想古已有之。但将信息（知识、情报）与物质资源、能量资源等量齐观，并视为人类进步与社会可持续发展的三大战略性资源之一的思想则产生于现代。其原因可能很多，但是最根本的，国内业界学者孟广均等人将之归纳为两条：一是社会信息资源量的积累已发展到了一个足以引起人们观念发生质的飞跃的一个临界点，二是社会综合因素对信息资源量的积累与人的认识质变的刺激与激发。孟先生等人同时指出，这里的社会综合因素的核心是现代信息技术的飞速发展和广泛应用。但是，若联系"资源"一词的原义，现代社会信息化、信息产业、知识经济本身以及它们对信息（知识）需求的新基点也是不可或缺的。

虽然如此，在现有的认识条件下，对信息资源做出较为准确的界定仍是十分困难。这里试图给出一个框架性的界定：信息资源是客观属性与主观属性的二元建构。这里的客观属性是指人类文化信息由于内含人类的附加劳动（主要是智力劳动）才具有了资源本体意义的属性；主观属性是指信息资源的需求对应性以及将其可用性转变为现实价值的能量意义。如果说，前者是"文本"二元建构现实存在的进一步表现，后一点则是"资源"视角下"情报"与"认知机制"存在的内在依据。

虽然主观知识（非文献化信息、非"文本"）与客观化知识（文献信息、文本）都具有资源属性，但相对于人类的认识及其能力，前者是一种有限的再生资源、潜在的资源，后者则是一种可无限再生的资源、显在的资源。

从与其他资源比较的角度来定义。信息资源一词最早出现于美国，是随着20世纪70年代美国信息资源管理（Information Resources Management，简称IRM）研究的兴起而产生的一个术语。20世纪80年代，我国学术界也开始介绍和使用"信息资源"概念。虽然信息这一概念产生的时间并不长，但它如今已同物质资源、能源资源并列，成为共同构成现代社会资源的三大支柱，而且具有更重要的核心作用和引导作用，谁掌握了信息资源，谁就能更有效地利用物质资源和能量资源，从而在国际竞争中掌握主动权。难怪美国前总统卡特在1979年就大声疾呼："信息，像我们呼吸的空气一样，是国家的资源。准确而有用的信息对个人和国家来说，就如同氧气对于我们的健康和幸福那样必要。"

(二) 信息资源的科学内涵

信息资源与物质资源和能源资源一样，具有资源的一般特征。这些特征包括：

1. 信息资源具有作为生产要素的人类需求性。人类从事经济活动离不开必要的生产要素的投入。传统的物质经济活动主要依赖于物质原料、劳动工具、劳动力等物质资源和能源资源的投入，现代信息经济则主要依赖信息、信息技术、信息劳动力等信息资源的投入。人类之所以把信息当作一种生产要素，主要是因为各种形式（文字、声音、图像等）的信息不仅本身就是一种重要的生产要素，可以通过生产使之增值，而且还是一种重要的非信息生产要素的"促进剂"，可以通过与这些非信息生产要素的相互作用，使其价值倍增。

2. 信息资源具有稀缺性。稀缺性是信息资源最基本的特征。其原因主要有两方面：一是信息资源的开发需要相应的成本（包括各种稀缺性的经济资源）投入，经济活动行为者要拥有信息资源，就必须付出相应的代价。因此，在既定的时间、空间及其他条件约束下，某一特定的经济活动行为者因其人力、物力、财力等方面的限制，其信息资源拥有量总是有限的。如果信息资源具有经济意义，但不稀缺，就不存在投入人力、物力、财力进行开发和利用的问题。二是在既定的技术和资源条件下，任何信息资源都有其固定不变的总效用（即使用价值），当它每次被投入经济活动中时，资源使用者总可以得到总效用中的一部分（也可能是全部），并获取一定的利益。随着被使用次数的增多，这个总效用会逐渐衰减。当衰减到零时，该信息资源就会被"磨损"掉，不再具有经济意义。这一点，与物质资源和能源资源因资源总量随着利用次数的增多而减少所表现出来的资源稀缺性相比，虽然在表现形式上有所不同，但在本质上却是非常相似的。

3. 信息资源具有智能性和综合性。信息资源是人类开发与组织的信息，是人类脑力劳动或者说认知过程的产物。人类的智能决定着特定时期或特定个人的信息资源的量和质，智能性也可以说是信息资源的"丰度与凝聚度"的集中体现。信息资源的智能性要求人类必须将自身素质的提高和智力开发放在第一位，必须确立教育和科研的有限地位。

4. 信息资源不仅是社会生产力的反映，而且任何一类信息资源都几乎不是孤零零存在的，而是与其他类型的信息资源密切联系。由一种信息源引发生成另一种信息源，这是信息资源发展中的一种普遍现象。信息资源的综合性要求人们不仅要注重自然科学信息资源的开发与利用，而且还要注重社会科学、人文科学信息资源的开发与利用，善于在各类信息资源的相互影响和渗透中发现、挖掘信息资源的巨大社会价值。

5. 信息资源具有不均衡性和整体性。由于人们的认识能力、知识储备和信息环境等多方面的条件不尽相同，他们所掌握的信息资源也多寡不等。同时，由于社会发展程度不同，对信息资源的开发程度不同，地球上不同区域信息资源的分布也不均衡。通常所谓的信息领域的"马太效应"就是与这种不均衡性有关的现象。不均衡性要求有关信息政策、法律和规划等必须考虑导向性、公平问题和有效利用问题。

6. 信息资源作为整体，是对一个国家、一个地区或一个组织的政治、经济、文化、技术等的全面反映，信息资源的每一个要素只能反映某一方面的内容，如果割裂它们之间的联系则无异于盲人摸象。整体性要求对所有的信息资源和信息资源管理机构实行集中统一的管理，从而避免人为的分割所造成的资源的重复和浪费。

7. 信息资源具有社会性和经济性。信息资源不是自生的，需要投入极其巨大的人类劳动（尤其是智力劳动）来建构（生成、积累、整合、配置）与开发利用，这就决定了信息资源建构与开发利用是高度社会化的活动，信息资源本身也是高度社会化的产品。不论是信息资源的生成、建构、维持，还是传播与利用，都是需要成本的。这就使信息资源具有价值、价格、效益、效率等内在属性，这些属性又与信息资源本身的真实度、可利用度以及开发利用的深度广度直接相关。

8. 信息资源具有有限传播性和共享性。信息资源只是信息的极有限的一部分，比之人类的信息需求，它永远是有限的。从某种意义上说，信息资源的有限性是由人类智能的有限性决定的。有限性要求人类必须从全局出发，合理布局和共同利用信息资源，最大限度地实现资源共享，从而促进人类与社会的发展。

9. 信息资源借助于各类媒介，比如网络、电视、电话、印刷品、声像、电子信息、数据库等，可以广泛向社会传播，从而经常地、深入地影响社会，对社会成员产生潜移默化的作用。正是在这种传播过程中，信息资源的价值得以实现。

10. 信息资源不同于一次性消耗的物能资源。一般说来，信息资源可以多次重复使用，可以进行复制与再复制；信息资源一旦产生并得到开发利用，就可以成为供全人类所共享的、用之不竭的财富。可以说，可共享性是信息资源区别于物质资源的最根本属性之一。

（三）信息资源的种类

信息资源划分的标准不同，所得到的类型也不一样，通常可以从以下几个方面来划分：

1. 根据开发程度来划分

（1）智力型信息资源，指个人在认知和创造过程中储存在大脑中的信息资源，包括人们掌握的诀窍、技能和经验。它们虽能为个人所利用，但一方面易于随忘却过程而消失；另一方面又无法为他人直接利用，是一种有限再生的信息资源。随着现代咨询业的崛起，这类信息资源越来越重要。对这类信息资源的管理主要通过政策、法规和组织进行。由于这类信息资源主要存储于人脑中，绝大多数内容只可意会，无法言传。因此，管理起来具有相当大的难度。在实际操作时，应该积极借鉴和吸收人力资源管理的成果。

（2）现实型信息资源，包括口语信息资源、文献信息资源、体语信息资源和实物信息资源四种类型。口语信息资源是人类以口头语言所表述出来而未被记录下来的信息资源，它们在特定的场合被"信宿"直接消费并且能够辗转相传而为更多的人所利用。文献信息资源是记录载体上的信息，即各种形式、各种内容的文献总和。具体就是以语言、文字、数据、图像、声频、视频等方式，不依附于人的物质载体而记录在特定载体上的信息资源。具有系统性、累积性、可加性、可开发利用性及保存性的特征。文献信息资源是由信息源、信息服务和信息系统构成的。体语信息资源是人类以手势、表情、姿态等方式表述出来的信息资源，它们通常依附于特定的文化背景，如舞蹈就是一种典型的体语信息资源。实物信息资源指各种样品、样机等，是以实物本身来存储和表现的信息。

2. 根据对信息资源进行管理的标准来划分

（1）记录型信息资源，包括由传统介质（纸张、竹、帛）和各种现代介质（磁盘、光盘、缩微胶片等）记录和存储的知识信息，如各种书籍、期刊、数据库、网络等。信息活动中所称的具有固定的形式和较稳定的传播渠道的一次信息、二次信息和三次信息均为这类信息资源。记录型信息资源是信息资源存在的基本形式，也是信息资源的主体。信息资源的管理主要是针对这类信息而言，里克斯在《信息资源管理》一书中称管理这类信息资源的系统为"记录管理系统"（Records Management System），该书副标题即定名为"记录系统探讨"（Records Approach）。全书围绕"记录系统"的规划、组织、控制及人员配备展开讨论。可见，记录型信息的管理是信息资源管理的核心内容。

（2）实物型信息资源，这是由实物本身来存储和表现的知识信息，如某种样品、样机，它本身就代表一种技术信息。许多技术信息是通过实物本身来传递和保存的，在技术引进、技术开发和产品开发中发挥着重要作用，是反求工程的基础。例如通过对实物材质、造型、规格、色彩、传动原理、运动规律等方面的分析研究，利用反求工程，人们可以猜度出研制、加工者原先的构思和加工制作方法，达到仿制或在其基础上进一步改进的目的。这类信息资源不能直接进入信息系统，要对其进行管理，必须先将它转换成记录型信息。

3. 根据信息的等级结构划分

（1）零次信息资源，这类信息资源是指各种渠道中由人口头传播的信息。显然这是对应于记录型的一次信息、二次信息、三次信息而提出的新概念。这一概念在日本企业信息活动中广泛使用。我国近年来也十分关注零次信息资源，对其特性和作用进行了研究。零次信息资源是人们通过直接交流获得的信息，是信息客体的内容直接作用于人的感觉（包括听、视、嗅、味、触觉）的结果。而不是像一次、二次、三次信息和实物型信息那样通过某种物质载体的记录形式发生作用。因此，零次信息资源具有直接性、及时性、新颖性、随机性、非存储检索性等典型特征。

（2）一次信息资源，指作者以本人的研究成果为基本素材而创作或发布的信息，不管创作时是否参考或引用了他人的著作，也不管该信息以何种物质形式出现，均属一次信息资源。

（3）二次信息资源，指信息工作者对一次信息进行加工、提炼和压缩之后所得到的产物，是为了便于管理和利用一次信息而编辑、出版和累积起来的工具性文献。检索工具书和网上检索引擎是典型的二次信息资源。

（4）三次信息资源，指对有关的一次信息和二次信息进行广泛深入的分析研究综合概括而成的产物。

三、"互联网+"简介

（一）"互联网+"产生的背景

互联网从1995年开始进入中国，并快速发展。李易提出中国互联网发展经历了三次革命，分别是桌面互联网革命、移动互联网革命以及"互联网+"革命。2007年，易观国际提出了"互联网化"的概念，是互联网与各传统产业进行全面互动和深度整合的初级阶段，后来出现的"互联网+"概念是对"互联网化"概念的延伸和深化。从理念提出层面来说，2012年11月，第五届移动互联网博览会在北京召开，易观国际董事长于扬在会上所做的报告中第一次出现"互联网+"概念，但是当时并没有引起学界的广泛关注。2013年，以人工智能、云计算、物联网、大数据为代表的各类信息技术迅猛发展，促进了"互联网+金融""互联网+教育"等"互联网+传统行业"的新业态呈现全面发展的趋势。2015年，在十二届全国人大三次会议上，李克强总理在政府工作报告中首次提出"互联网+"行动计划："推动移动互联网、云计算、大数据、物联网等与现代制造业结合，促进电子商务、工业互联网和互联网金融健康发展，引导互联网企业拓展国际市场"。"互联网+"自此上升为国家战略。

（二）"互联网+"的概念和内涵

"互联网+"是指将互联网思维和互联网相关技术融合，并将其应用到社会经济活动的各个相关领域，基于互联网与该领域活动的紧密融合形成聚合效应，从而在新领域创造一种新生态，从而促进社会、经济、科技等领域的全面发展。"互联网+"的"+"，可以加到任何一个领域，将其移植到图书馆领域就是"互联网+图书馆"。马化腾认为"互联网+"是以互联网平台为基础，利用信息通信技术（Information and Communication Technology，ICT）将包括传统行业在内的各行各业进行跨界融合，在新的领域创造一种万物互联的新生态，从而推动各行业优化、增长、创新、新生。宋刚认为"互联网+"代表的是创新2.0模式下的互联网发展新业态和新形态；黄骞认为国内之所以提出"互联网+"理念，是为了利用互联网资源加速国内制造业生产效率、品质、创新与营销能力的提升，以信息流推动物质流的发展；付志勇认为"互联网+"是"信息化促进工业化"这一观点的升华；黄璜对付志勇的观点表示赞同，并认为"互联网+"是当前信息化发展与工业、商业、金融业等服务业的全面融合；曾润喜认为"互联网+"是一个综合性的概念，是未来中国经济发展的重要引擎；纪阳认为以互联网为载体的知识社会创新2.0模式是创新驱动的最佳选择。

"互联网+"通过依托互联网，以泛在联合和深度融合的方式，采用开放、互动、合作的形式，作用于不同传统产业，促进产业的优化和创新。因此，"互联网+"的内涵表现在两方面：①泛在联合。又称泛在互联，是"互联网+传统产业"的充分体现。通过利用互联网平台，结合新型信息技术的广泛应用，以大数据的模式完成各行业之间数据的最大化交换，形成传统行业线上和线下相联合协同的新常态，如互联网与交通、金融、零售业等行业的联合，极大优化了生产结构，提升了供需平衡；②深度融合。又称融合转型，是"产业升级+模式转型"的具体体现。在泛在互联的基础上，传统产业通过行业大数据的不断融合，生产资源的全面整合，服务平台的跨界融合，以此调整产业结构，形成以数据为驱动，以用户为导向，创新服务产品，改进生产方式，促进技术创新、市场创新，进而升级行业的管理体系、商业模式和技术应用。

（三）"互联网+"的基本特征

1. 跨界融合

"互联网+"是作为互联网时代的衍生形态，其作为经济的新形态的发展，主要是通过发挥互联网在各个行业中的作用，在各个领域和行业中进行互联网应用和互联网技术以及设备的普及，从而提升该领域的生产水平，推动该领域和行业的创新和改革，以此形成依托互联网的新经济形态。

2. 创新驱动

"互联网+"实际上是使用互联网时代的网络技术以及信息化设备和系统等，与不同行业、项目进行结合，从而推动行业从传统模式向新模式进行创新发展。在目前"互联网+"的时代发展中，许多行业以"互联网+"的发展模式创新行业的驱动力，通过使用"互联网+"打破传统发展模式的局限性，形成行业甚至于企业本身的创新驱动力，进而推进行业或是某一领域的创新。

3. 重塑结构

互联网模式下的行业或是领域与互联网高新技术和信息平台发生关系，进而形成的新的发展结构，从原有的单一发展结构转化成"互联网+"结构。同时，随着大数据时代的到来，互联网同其他领域产生关系，再与不同领域的生产要素产生关系，进而对其他领域和行业的生产环节产生作用，进而对其整个生产结构产生作用，使得该行业或是领域的生产和发展结构得以重新组合，形成新的结构。

4. 尊重人性

人是各行各业发展的根本生产力，也是各行各业发展的服务对象。而"互联网+"实际上就是对人性尊重的最大化。在坚持人性为本的基础上，人们使用互联网带来的一切新的技术和设备甚至于网络资源，进而创新性地推动不同领域的发展。同时，在同领域中进行"互联网+"，实际上也是为人们提供便利和服务。

5. 开放生态

"互联网+"实际上就是运用互联网系统、技术以及平台、信息化设备同其他行业结合起来的一种发展模式。利用互联网所带来的信息设备和网络资源，让不同行业呈现出新的发展形态，并产生联系，进而在互联网发展的环境中，进一步开放整个生态系统，进而使不同行业产生了关联，形成新的生态环境。

6. 连接一切

互联网技术突破了时间和空间上的限制，不仅符合现代信息时代的发展趋势，迎合我国互联网普及的新趋势，满足了不同领域、行业希望通过透明的信息体系更加便利地获得便捷的服务需求。

（四）"互联网+"对图书馆的影响

1."互联网+"为图书馆带来的转变

（1）管理上的转变

随着"互联网+"的发展，图书馆中的管理人员以及基层服务人员都需要转变自身的思维，充分以互联网思维为基础来对出现的问题进行思考以及解决。互联网本身具有高效、便捷、开放、平等、互动等特点，这就促使图书馆作为一种服务的载体必须要具有一定的互联网思维特征，如开放性思维、服务性思维以及高效化思维等，并且要以这样的思维来创新自身的管理模式。这样才能够促使图书馆在互联网时代能够更加深入用户的情景之中，更加高效获取到用户本身的需求信息以及通过各种方式实现自身营销的精准化，从而为自身在互联网时代实现管理创新提供更加坚实的基础。

（2）技术上的转变

在互联网的影响下，图书馆的信息系统技术需要向互联网技术进行转变。在传统技术支撑下的图书馆信息系统主要作用为对用户信息、图书馆资源信息、图书馆服务人员服务信息、管理人员管理信息等进行结构化式的收集、储存、整理以及管理。这是在传统技术支撑下图书馆为用户所提供的服务，同时也是用户享受服务的工具。但是，在互联网时代，信息环境逐渐泛化，以及知识的跨界融合发展使得图书馆这样的传统信息系统已经不能够充分满足用户更为多元化的信息需求。而互联网技术能够帮助图书馆满足用户更加多元化的需求，如当前大数据技术、云计算技术等都能够促使图书馆为用户提供更加个性化、多元化以及智能化的知识服务。从目前来看，图书馆领域中不断出现的移动图书馆、信息图书馆等新图书馆形式已经指明了互联网技术对于图书馆发展的重要作用。

（3）服务上的转变

在图书馆的服务层面，图书馆应该以互联网为基础，转变自身的服务系统，实现跨界融合服务系统的建设。对于图书馆来说，跨界融合本身主要指的是将图书馆中的信息资源、信息空间、实体空间、信息平台等以及用户本身的信息资源、信息空间、实体空间、用户活动、用户情景和用户需求等进行更加深入的融合，促使图书馆能够实现知识创新以及互动双赢。具体来说，在互联网时代，图书馆应该将自身传统被动式的服务方式进行转变，实现多个层面的融合，如在服务方面实现内容上的融合、方式上的融合、价值上的融合、关系上的融合以及空间上的融合等。另外，在此基础上，图书馆还需要重视对于用户实际需求的分析，促使自身服务组织以及服务方式更加精细化。

2."互联网+"对图书馆发展的影响

(1) 改变信息传播环境

"互联网+"时代信息传播的规模与速度空前增长，改变了人们的信息获取和交流方式，实现了全球信息的交互共享。根据我国互联网信息中心2016年3月发布的统计数据，截至2015年底，我国网民规模突破6.5亿人，同比增长超过6.2%。互联网塑造了全新的社会生活形态，大量数据的产生、存储与传播，以及信息技术的进步，推动了不同行业的深度融合。图书馆传统的服务环境发生了巨大变化，大量纸质图书转化为可供在线传播的数字化资源，具备扩展性、操作性的数字图书馆应运而生，它使得各类馆藏资源被制成文本内容，借助搜索引擎为读者提供高效信息服务，也融合了信息咨询等全新功能。

(2) 促进图书馆空间再造

"互联网+"的本质为创新发展，核心在于以人为本，实质就是通过异质融合实现多赢。"互联网+"时代，图书馆不再将互联网作为单纯的技术工具，而是关注新技术、新媒体对精准用户服务的作用。"互联网+"具备的技术兼容性，以及不同行业融合的利他性，有助于图书馆选择最有利的发展模式，也有助于图书馆树立空间合作共赢的新理念，全面改善和提升技术、资源、管理、服务系统，形成协同合作、优势互补的全新空间形态。同时，"互联网+"思维融入图书馆，借助大数据、云计算等新技术，为图书馆空间结构变革提供了平台，也衍生出全新的服务内容。

(3) 催生智慧图书馆研究与实践

互联网技术的进步将世界连成一个整体，卫星通信、智能传感、光纤通信技术的应用，突破了信息传播的空间和时间阻碍，催生了"智慧地球""智慧城市"等新概念。2004年，加拿大部分图书馆构建以"智慧图书馆"命名的图书馆联盟，引发图书馆界对智慧图书馆的研究与关注。"互联网+"时代，不同行业的互通互联使得图书馆的各项业务更为智能化，也为智慧图书馆研究的深化提供了条件。我国近年来虽然建立了普遍的网络图书馆,但与发达国家相比,在智慧图书馆研究与实践上还存在差距,如何更好地利用智能化技术是现阶段图书馆研究的主题。

四、大数据简介

(一) 大数据的产生背景和概念

数据自古以来就是人类表达自然和社会现象的一种途径,随着人类的发展、社会的进步,人类产生的数据也不断增长。从工业革命以来,人们开始更加注重数据的作用,不同的行业先后确定了自己的数据标准,慢慢地也累积了大量的结构化数据。随着计算机通信和网络技术、数据分析技术、数据查询技术、数据处理技术的出现,在很大程度上提高了结构化数据的处理能力。近年来,受互联网的影响,涌现了大量的文字、图片、音频、视频等半结构化、非结构化的数据。人们通过微信、微博、物联网、云计算等平台发布和获取信息变得更加快捷。如今在通信行业、科学研究、互联网应用、电子商务、人们日常生活领域等出现了大规模的数据集、这样的数据集不断地发展壮大,这标志着大数据时代已来临。

大数据(Big Data)是一个抽象的概念。关于大数据的定义有很多解释,维基百科中将大数据定义为:大数据是指利用常用软件工具来获取、存储、管理以及处理数据所耗时间超过可容忍时间的数据集。IDC 将大数据定义为:目前大数据会包含两种或者两种以上数据形式,一般情况下它要收集超过100TB 的数据,并且是高速、实时数据流;也有可能是对小数据的收集开始,但是每年的增长率会在 60% 以上。图书馆研究员 Gartner 给出了这样的定义:大数据是一种数据量大、增长快速的信息资产,它需要新处理模式的加入才能具有更强的决策力、洞察发现力和流程优化能力。

(二) 大数据的基本特征

大数据(Big Data)是指"无法用现有的软件工具提取、存储、搜索、共享、分析和处理的海量的、复杂的数据集合。"业界通常用四个 V(即 Volume、Variety、Velocity、Value)来概括大数据的特征。

1. 数据量大（Volume）

近年来，由于受云计算、物联网、社交网络迅速发展的影响，产生的数据呈爆炸式增长。通过互联网查询和分享信息虽然更加方便快捷，但是有意识或者无意识地分享信息也会产生大量的数据，这些数据累加起来就形成了一个庞大的数据集。现在的数据往往不是单一的文字信息，伴随而来的是多媒体信息，例如图片、声音、视频等二维数据，3D技术的诞生和发展使得数据描述世界更加真实，数据量也更加庞大。数据的计量单位已经不再以MB为单位了，而是以TB为单位，甚至是PB为单位。

2. 数据类型繁多（Variety）

大数据的数据种类包括结构化数据和非结构化。所谓结构化数据就是指将事先已经分析好的数据的属性用结构表来进行表述，将结构表存储在指定的数据库当中，供人们再一次地使用和传播。相对于以往便于存储的以文本为主的结构化数据，非结构化数据越来越多，包括网络日志、音频、视频、图片、地理位置信息等。非结构化数据是不规则的数据，人们自己往往对其很难进行处理，所以这些多类型的数据对数据的处理能力提出了更高要求。

3. 处理速度快（Velocity）

这是大数据区别于传统数据挖掘的最显著特征。根据IDC的"数字宇宙"的报告，到2020年，全球数据使用量达到35.2ZB。在如此海量的数据面前，处理数据的效率就是企业的生命。一个基本的大数据处理流程，可以概括为四步，分别是采集、导入和预处理、统计和分析，以及挖掘。

4. 数据价值密度低（Value）

所谓的数据价值密度低是指在大量的数据集中真正有用的数据量很小，例如一段监控视频可能长达两小时，而其中只有两分钟的信息是我们所需要的，这就是大数据价值密度低的表现。如何通过强大的机器算法更迅速地完成数据的价值"提纯"成为目前大数据背景下亟待解决的难题。

（三）大数据的产生

大数据是在海量数据的产生和快速增长背景下应运而生的，根据数据的增长速度和增长数量，可以将大数据的产生划分为三个阶段：

1. 管理信息系统阶段

随着管理信息系统在公司企业的推广，越来越多的企业利用管理信息系统对公司的业务进行网络化，从而降低运营成本，提高业务的效率。管理信息系统的推广使得业务运营的数据大大增加，而且这些业务运营数据一般以结构化的数据存储在数据库中，从而使这些存储的业务数据能够得到较大的价值增值。然而这一阶段信息仍需人工输入，是一种被动数据利用阶段。

2. web2.0用户自组织阶段

随着网络的普及，特别是web2.0以后，用户从传统的信息接受者转变为信息的生产者，吸引了大量的用户，如新浪微博每天的微博发文量超过八千万条，相比信息系统记录业务数据阶段，这一阶段的数据量增长速度飞速提升。同时，由于用户的随意性，网络上掺杂着大量的非结构化信息，对这部分数据的挖掘利用变得困难，由此催生了文本挖掘等技术的发展。

3. 感知式系统阶段

这一阶段随着新型移动设备的出现以及物联网的发展，随时可以通过系统感知用户或周围环境的状况，并随之产生大量的时间和空间信息。一方面数据量大大增加，另一方面实时感知的时空信息和相应的行为信息使数据挖掘模型能够得到更多的详细数据和变量，从而数据挖掘的准确性及维度都得到了很大提高。同时，这一阶段的特点是主动收集数据，不再依靠人工输入。

总的来说，大数据的产生是数据从少到多，从结构化到非结构化，从被动到主动收集的发展过程。

（四）大数据的处理流程

大数据环境下，面临的数据量不但庞大且数据类型繁多，因而对数据的处理能力和速度都有较高的要求。每个处理环节都采用并行处理方式来提高处理速度，流行的大数据并行处理框架主要有 Hadoop、MapReduce 和 Spark。大数据的处理流程分为五个步骤，数据采集、数据预处理、数据存储与管理、数据分析、挖掘和结果展示，如图3。

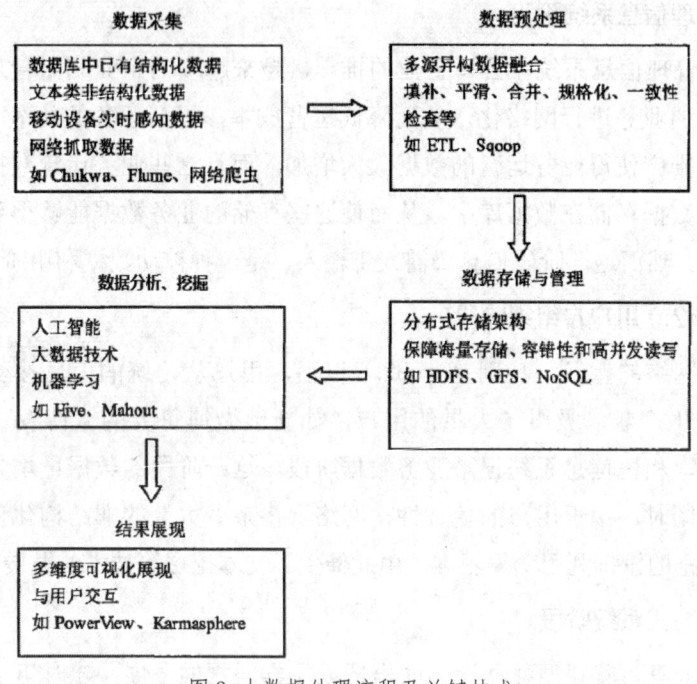

图3 大数据处理流程及关键技术

1. 数据采集阶段

先是数据采集，由于大数据类型复杂众多，与传统数据采集相比，大数据环境下的数据采集不仅要求采集对象全面，而且需要对数据源进行抽取和集成，再通过关联和集合以后提取关系和实体。采用一定的方式将大量的非结构化数据转换为统一的结构化方式进行存储，常用的就是数据库。目前数据采集的主要工具通过Hadoop的Chukwa和Cloudera的Flume对系统日志进行采集，通过网络爬虫抓取非结构化的网页信息，通过DPI和DFI对网络流量信息进行采集。

2. 数据预处理阶段

数据预处理阶段，是对数据采集阶段数据进行填补、平滑、合并、规格化、一致性检查等，目的在于减轻数据分析阶段服务器对数据转换和统一的压力，减少挖掘时间，目前数据预处理的主要技术主要采用ETL，即数据预处理经过数据抽取、数据转换和数据加载三个环节实现异源数据的融合和数据的标准化、统一化处理。

3. 数据存储与管理阶段

数据存储与管理阶段需要解决三个难题，即海量数据的存储、提高系统的容错性以及保障后期对数据读取的速度。目前对海量数据的存储，一般采用庞大的廉价 PC 群来进行存储，既降低了存储的成本，也提高了较高的扩展性。由于海量数据存储在廉价的 PC 群中，必须保障数据的可靠性，为此大数据一般采用三份副本的方式进行存储。为了保障后期对数据的读取能力，采用分布式存储的架构来进行保障。目前针对海量数据存储主要是采用 Google 的 GFS 和 Hadoop 的 HDFS，均采用分布式存储的方式，并且采用三份副本的冗余存储模式来保障数据的可靠性。为了有效处理数据库中的数据，采用 NoSQL 数据库，去除关系数据库的关系特性，简化了数据库结构，便于对数据库进行扩展。

4. 数据挖掘和分析阶段

与传统数据挖掘相比，大数据下的数据挖掘可以同时分析结构化、半结构化和非结构化三类数据，而且由于数据存储采用的是并行存储结构，因而在数据挖掘阶段采用各个局部独自处理，再将处理结果进行合并的方式来进行海量数据的挖掘和分析工作。目前数据挖掘和分析技术常用人工智能、机器学习，具体而言采用 Hive 数据仓库平台和 Mahout 机器学习与数据挖掘算法库。

数据分析在整个大数据处理的过程中是重中之重。大数据的价值是从分析源数据中提炼出来的，为了保证大数据的质量，只有将传统的数据处理方式进行调整。数据挖掘、统计分析、机器学习等这些传统的分析技术在面对大数据时代挑战时需做出相应调整。这些挑战主要来源：

①如何从大数据中挖掘出有价值的数据。

②大数据时代算法的调整。大数据具有实时性的特点，算法不再单纯地以准确率为主要指标，而是要在处理的准确率和实时性权衡。

③数据结果好坏的评价。在大数据时代，得到一个问题的分析结果是不难的，但是如何来评价数据结果却是大数据时代数据分析的一个难点。

5. 结果展现

由于大数据结构的复杂性，想要在电脑上直接显示查询结果或文本形式输出结果的可行性不高，因此经过数据挖掘和分析后的数据结果，还需提供与用户交互的功能，以及根据用户的需求对挖掘结果进行多维度的可视化展现，让用户自己体验这个过程，也能更容易理解大数据带来的直观分析结果。可视化展现方式主要有报表、图形化展现、查询展现和 KPI 展现，可以采用 Excel、PowerView 和 Karmasphere 来进行可视化交互和展现。

（五）大数据技术

1. 大数据技术的含义

大数据技术的真正意义是可以实现对数据的深化处理和进一步的信息挖掘，整个数据处理不局限于表面的数据分析和储存，可以有效地使数据得到价值体现。这些功能是传统数据处理系统无法实现的。在大数据时代技术背景下，利用分布式技术为大量的数据处理奠定了基础，同时利用大数据时代中的计算功能和储备资源功能，可以有效地提升数据整体处理能力。

大数据时代的到来极大地提升了社会群体的信息质量，使得读者对过去信息的质量、速度、及时性和准确性有了更高的要求。对于图书馆来说，传统的借书还书服务模式已不能满足大数据时代读者的需求。大数据是对数据的一种有效的挖掘和处理方式，通过新的数据处理手段，可以有效地完成传统技术无法完成的数据获取和加工工作，更好地满足时代发展的要求，同时可以挖掘更多有价值的数据元素。

2. 大数据技术的核心功能

大数据技术的核心功能包括深度学习、分类保存、服务决策生成。

（1）深度学习

深度学习是大数据技术中最核心的功能，是实现大数据智能化运作的关键。具体来说，大数据技术通过网络得到所有信息后，通过技术系统分析，得到各类数据的特征、内涵、应用方向、变化以及不同信息间的逻辑关系、连接可能性，这些分析结果会被保留在系统知识库中。大数据技术系统在日后运作中接触到具有知识库数据特征的数据，可以直接识别，依照之前的运作方向为用户提供智能化服务。这是大数据技术深度学习功能的最基本的表现。从深层次来看，深度学习功能除了使大数据技术识别数据外，还具有"逻辑思维"能力，即与人类逻辑思维相同。大数据技术面对任何数据时，会"思考"数据的各种发展路径,由此得出数据发生变化的可能性。

(2) 分类保存

分类保存功能在大数据技术中属于辅助功能,其重要性不可忽视。该项功能不仅主导了大数据技术的运作方向,而且具有服务功能。在大数据技术深度学习功能下,得到的数据特征是分类保存的依据,即根据大数据技术分析得到的特征,大数据可以进行识别分类,同时,依照逻辑联系,排列分类后的信息并保存。在此基础上,用户操作大数据技术系统时,如信息检索,技术系统会在分类保存结果中查询检索关键词,根据相似度列出与检索关键词相关的信息,避免用户检索关键词不准确导致检索功能服务水平低。

(3) 服务决策生成

在深度学习、分类保存功能的基础上,大数据技术具有类似人类的"逻辑思维",且基础信息作为支撑。因此,面对某些业务时,其可以自主制定服务决策。具体来说,对大数据技术系统进行服务逻辑预设,即面对"何类信息特征,启动何类服务功能",当技术系统接收到信息后,会识别信息特征,依照服务逻辑启动服务功能,而服务功能的具体表现会依据深入学习结果而调整。

(六) 图书馆的大数据来源

首先,由于大数据的积累,图书馆积累了大量的信息,这些信息包括用户的基本信息、图书馆借阅记录、网上浏览记录以及图书馆本身的一些馆藏资源,它们都成了图书馆的大数据。在图书馆信息量不断增长的同时,信息技术也在不断地发展,由此产生了大量的数字资源。根据调查显示,每一年全球新增的信息量翻了三番,一般90%的信息都是以数据的形式存储。想要对这些庞大的数据进行存储,要求图书馆具备更高的存储能力。

其次,随着网络技术的飞速发展且用户受到高速网络和新移动设备的影响,移动图书馆得到了很好的发展,用户更热衷于掌上阅读。根据调查显示,中国互联网络中心发布消息称:截至2014年12月,我国的网民规模应该达到了6.49亿人,手机网民规模达到了5.57亿人。从这些数据可以看出,人们受互联网的影响非常的大,这些网民的诞生为图书馆带来了更为丰富的数据。

五、云计算简介

（一）云计算产生的背景

随着通信技术和数字化的发展，传统的任务处理模式已经跟不上时代发展的需求，云计算很好地解决了大规模任务处理问题。云计算，顾名思义，即在云中进行计算。所谓云，指的就是云服务提供商所有的大量廉价服务器集群。互联网时代的飞速发展，使得大数据的普及速度越来越快，随着大数据的兴起，用户对大数据的处理量的需求也逐步升高，云计算通过互联网为用户提供云服务，其代价远小于用户自身通过购买服务器来满足进行复杂计算的需求。用户根据支付的租金，可以自行选择租金范围内所提供的服务。云计算是互联网发展到鼎盛时期的必然潮流，服务商连接互联网来对资源进行访问、配置、共享、管理等操作。云计算在互联网行业、学术界和社会中日益普及，它作为一种新的 IT 概念，是分布式计算、虚拟化和网格计算发展的必然结果，它的出现宣告一种新型的计算模式。

用户在传统软件服务的模型下必须通过购买价格昂贵的软件，才能获取软件的相关功能，但是这种一次性购买服务从使用成本上来讲，缺乏普遍适用性与实用性，因此产生了云服务思想，不用购买软件产品，通过租借开发平台、软件平台以及存储服务器等为大众提供一种公共设施环境，方便计算机资源在生活中的各个领域便捷使用。对于用户来说，不用再因购买不了昂贵的高性能设备而烦恼，只需要提供资源需求与使用时长并付出一定代价，无需配置资源环境，因此云计算具备更高的经济效用。此外，对于服务提供商，云计算可以对用户需求进行整合、按照用户使用方式进行价格模型的制定、优化资源分配方案，通过互联网进行管理，使用云计算的客户数量庞大。

（二）云计算产生的概念和内涵

云计算指使用动态的可扩展池提供信息技术服务、应用程序和数据。这些可扩展池可以远程驻留，这样用户在满足需求的时候，就不需要考虑服务器和存储器的实际位置。

对云计算的定义迄今为止至少有上百种说法。根据美国国家标准与技术研究院（NIST）的说法，对云计算的定义仍在不断发展。NIST 目前对云计算的定义是："云计算是一种模型，可以便捷地、按照需求地从可配置计算资源共享池中获取所需的资源（例如，网络、服务器、存储、应用及服务），资源能够快速供应并发出，使管理资源的工作量和与服务商的交互减小到最低限度。"中国云计算专家刘鹏教授认为：云计算是具有商业的服务模式，它将任务分配在计算资源上，使云用户可以按需获取自己的服务，例如存储资源、计算资源以及信息服务等等。阿姆布鲁斯特（Armbrust）则定义为"云计算通过互联网、数据中心的硬件和系统，作为服务来提供应用。"这种服务长期以来被称为软件即服务（Saas）。云可以包括基础设施即服务（IaaS）和平台即服务（PaaS）。我国工信部提出云计算指的是集合了 IaaS、PaaS 以及 SaaS 等 IT 服务模式。

1. 软件即服务（Saas）：专注于云计算的终端用户，向他们提供应用程序访问权限，以使多个用户可以在自己的虚拟机或服务器对象站中执行同一应用程序二进制模块。这些应用程序会话可能运行在相同或不同的底层硬件上，软件即服务允许应用程序提供商以无缝方式升级或修补其二进制模块。软件即服务提供商，例如有：Salesforce.com（客户关系管理系统）提供客户关系管理（CRM）、Google.com 提供文档服务与谷歌邮箱服务等，所有这些都托管在云上。

2. 平台即服务（PaaS）：针对应用程序开发人员，根据他们的项目阶段提供不同的计算需求。满足这些需求的服务器可以在若干个中央处理器内核、内存和存储设备上随意变更。这些服务器被称为弹性服务器。它们的服务可以自动扩展，也就是说，可以以最小的管理开销在负载平衡的条件下开启新的虚拟机。平台即服务提供商例如有：谷歌的应用引擎、微软的云计算平台（Azure）、红帽公司的马卡拉（Makara）、亚马逊网络服务（AWS）的"弹性豆杆"（Elastic Beanstalk）、亚马逊网络服务云形成等。这些云服务提供者能够支持同一物理服务器上的不同操作系统。

3. 基础设施即服务（IaaS）：是云服务平台的最底层，提供对虚拟化或容器化硬件的直接访问。在这个服务模型中，具有给定中央处理器、内存和存储规范的服务器可以通过网络使用。基础设施即服务提供商例如有：亚马逊网络服务弹性计算云（AWSEC2）、OpenStack（一个开源的云计算管理平台项目）、Eucalyptus（一种开源的软件基础结构）、Rackspace（全球三大云计算中心之一）的"云文档"（CloudFiles）等。

在网络计算、分布式计算以及并行计算的基础之上发展而来的云计算是一种新兴的、发展迅速的服务模式,提供给用户集中的信息资源管理与服务。云计算是一种以互联网为载体的计算模式,其优势在于能够根据不特定用户的不同需求,直接访问共享信息资源池,并且这种访问不限时间地点。云计算并不只是一个计算工具,它的功能还包括海量的信息存储、高效的信息处理以及直接的信息分享。这些功能具体到个人信息的领域则赋予了云计算特别的技术优势。首先,运营商的数据中心与云计算服务器直接相通,这就使得其可以随时访问运营商获取、存储的用户个人信息。其次,云计算可以同时接受,并且分开处理来自众多不特定用户的海量个人信息,并根据不同分类标准与应用目的,准确识别、提取并分析所需的个人信息。最后,将个人信息的处理结果,再传送到运营商的个人信息中心,进行分类存储供运营商后续使用。运营商基于云计算对个人信息的一条龙处理,并且可以高效率完成对不同的用户提供的海量的非确定性的个人信息的收集、分类、提取以及最终存储,致使云计算在个人信息商业化过程中,具有不可忽视的作用。

(三)云计算的基本特征

云计算这一新型的网络服务模式相较于传统的网络交互模式有着极大的不同,其特点主要体现在以下几个方面:

1. 服务器规模巨大。云计算带给用户的超强计算能力来自其超大规模的服务器。目前提供云计算的服务商如亚马逊、微软等公司均有几十万台甚至上百万台服务器。用户的个人信息均由服务商的服务器存储和控制,一旦服务器受到恶意攻击,将给用户的个人信息安全带来威胁。

2. 信息存储虚拟化。云计算虚拟化的特点赋予了云用户获取个人信息的极大自由度。用户可以在网络覆盖的任何地方,使用任何一个可登录的终端对个人信息进行获取、上传、下载都极为便利。云计算服务器运行的具体位置并不影响用户的使用,用户也无须知晓,只需要智能手机、个人电脑、平板电脑等安装有客户端的产品,在网络覆盖的环境下获取所有可能的服务。

3. 服务可靠性高。云计算相比于个人电脑或智能手机有着更为可靠的信息存储能力,因为云计算有着极强的容错能力,信息储存更加安全也更加准确。

4. 服务通用性强。云计算服务并非为每个特定的应用留出了固定的位置,而是所有的应用处于进出自由的状态。在云服务模式中,应用并非在固定的位置运行的，而是处于不停的变化之中，且都能够被支持。

5. 服务伸缩性高。因其通用性强，云的空间容量处于实时变化状态，因此，云的规模具备较高的伸缩性，能够满足用户和应用增长的需求。

6. 服务按需分配。云计算服务的灵活程度极高，因此用户无须购买特定的容量进行使用，而是如同自来水和用电一样以流量的方式进行计费，用户可按需购买。

7. 服务极其廉价。云服务模式可谓是性价比最高的网络存储空间。云中的容错有着很特殊的措施，云中的节点的构成花费极低；云服务的通用性和自由度也使得云能够非常充分地被利用；云端的管理不需要人力，省去了管理成本。因此，用户只需要花很少的钱就能够体验高品质的服务。

第三节 信息服务概述

"信息社会"这个词早已为人们熟悉,但要给信息社会下一个准确的定义,至少目前还有一定的困难。因为信息革命还在不断发展,未来的变化还难以预测,但人们已经真切地感受到信息革命为社会带来的巨大变化和深刻变革,我们的社会正在步入信息社会。

在信息社会里,社会信息化问题是每一个公民必须面对的最大现实,社会信息化是一个从工业经济向信息经济、从工业社会向信息社会演进的动态过程。从工业社会进入信息社会的过渡时期称为信息化社会,它的社会特征与信息社会是不同的,它反映了信息及其技术正在渗入到社会生活的各个领域、各个层次的一种社会过渡进程。

就世界范围而言,工业社会只有几百年的历史,自从世界上第一台计算机的问世,人类开始有了IT产业,我们便开始向信息社会迈进。工业社会和信息社会有着其鲜明的社会特征,在工业社会里,首先,社会的实践对象主要是人以外的物质世界,工业社会要解决的主要问题由人类生存和发展的基本需求所决定,必须创造出可供我们生存和发展的生活条件和生产资料,这是工业社会要解决的根本问题;其次,模具制造、批量生产是社会劳动的主要表现形式。在信息社会里,首先表现在大量信息的产生,而且信息成为有价值的东西。工业社会是一种很实在的社会,人们必须以看得见、摸得着的方式来判断事物的价值。但信息是人们无法以物质形态予以感受,却具有巨大潜在价值的东西,已经济身于当今世界三大资源的行列。其次,社会实践的对象,从改造物质世界变成了提升人的素质的世界。信息社会的实践重心,从开发大自然转向开发人类自己。再次,互联网以及时通信的方式,改变了人类活动的时间模式,也改变了人类文化的时间模式。让世界变成了"地球村"。

一、信息服务的含义

信息服务(Information Service)是以信息为内容的服务业务,其服务对象是对信息服务具有客观需求的社会主体(包括社会组织和个体成员)。关于信息服务的含义,岳剑波在《信息管理基础》中认为:"关于信息服务的概念，有广义和狭义之分。广义的信息服务概念泛指以产品和劳务形式向用户提供和传播信息的各种信息劳动，即信息服务产业范围内的所有活动，包括信息产品的生产开发、报道分配、传播流通以及信息技术服务和信息提供服务等行业。狭义的信息服务概念是指专职信息服务机构针对用户的信息需要，及时地将开发加工好的信息产品以用户方便的形式准确传递给特定用户的活动。"这里广义信息服务即指内容产业服务，狭义信息服务指图书馆、档案馆和专门信息服务机构的服务活动。

现代社会信息服务具有十分丰富的内涵，它可以理解为以用户的信息需求为依据，围绕用户、面向用户开展的一切服务性活动。当前的信息服务，无论从内容上、形式上，还是从服务的广度和深度上看，都发生了天翻地覆的变化。随着社会的不断进步，信息服务的规模和效益对社会发展的影响将越来越突出。我国的信息服务经过长期的发展，已经形成了一个多层次的，包括科技、经济、文化、新闻、管理等各类信息在内的，面向各类用户，以满足专业人员多方面信息需求为目标的社会服务网络。在整体服务网络中，各类信息服务部门既分工，又协调，开展各具特色的服务工作。

二、信息服务的特征

从服务的角度观察研究信息服务，它必然具有如前所述的服务的一般属性。由于信息本身的特征，信息服务同时具有以下特点：

从综合角度看，信息服务的特征主要有：

（一）物质性

这是由信息的可识别性决定的，信息是物质的存在方式和运动状态，因此，具有物质性，它的传播和流通需借助一定的物质载体，它是一种固化的物质形态。

（二）社会性

信息服务的社会性不仅体现在信息的社会产生、传递与利用方面，而且体现在信息服务的社会价值和效益上，决定了信息服务的社会规范。信息的累积性和延续性推动了人类文明的积淀和社会的不断发展。它反映了一定历史阶段、一定群体的思想、文化、道德及技术等，同时它的传播必然遵循一定的规则与思想道德规范。

（三）知识性

信息服务是一种知识密集型服务，不仅要求服务人员具有综合知识素质，而且要求用户具备相应的知识储备，只有在用户知识与信息相匹配时，才能有效地利用信息服务。

（四）关联性

信息、信息用户与信息服务之间存在着必然的关联关系，三者之间的内在联系是组织信息服务的基本依据，也是信息服务组织模式的决定因素。

（五）时效性

信息服务具有显著的时间效应，这是因为对于某一事件的信息只有在及时使用的情况下才具有价值，过时的信息将失去使用价值，甚至会产生负面影响。因此，信息服务中存在信息的"生命期"问题。信息从产生到最终消费必须及时，否则就得不到应有的效应和利益。

（六）指向性

任何信息服务都指向一定的用户和用户的信息活动，正因为如此才产生了信息服务的定向组织模式；伴随性，信息的产生、传递与利用总是伴随着用户的主体活动而发生的，所以信息服务必须要按用户的主体活动的内容、目标和任务进行组织，以便对用户的主体活动能有所帮助。

（七）公用性

除了某些专门服务于单一用户的信息服务机构外，面向大众的公共信息服务可以同时为多个用户服务，这也是信息服务区别于其他社会化服务的因素之一。

（八）控制性

信息服务是一种置于社会控制之下的社会化服务，因此信息服务的开展关系到社会的运行、管理和服务对象的利益，它要受国家政策的导向和法律的严格约束。

（九）边际效用递增和边际成本递减

信息的共享性和可转换性导致信息服务过程中不仅不会减少和损失信息资源，相反，会随着信息的反复利用而增加服务效益，其被利用得越多越充分，增加的效用越大；同时，信息的增量和增值显然导致信息利用成本的降低。信息服务的特点在信息服务业中具有普遍适用性，但作为信息服务业成员的图书馆信息服务，除了具有一般意义上的信息服务的共性外，又有自身的特性。

三、信息服务的内容

从信息用户和社会信息源与信息流的综合利用角度来看，社会化信息服务包括信息资源开发服务、信息传递与交流服务、信息加工与发布服务、用户信息活动组织与信息保障服务等相关内容。

（一）信息资源开发服务

这是信息服务的基本工作，也是信息搜集、加工、标引等各项工作的目的所在。人类要进步，社会要发展，都必须重视信息资源的开发工作。许多看似没什么价值的原始材料，一经收集、整理和加工，往往会价值倍增，这就是信息资源开发的意义所在。信息资源开发首先是去除杂质，然后根据用户需求对信息进行不同程度的提炼。

（二）信息传递与交流服务

交流与传递是信息的重要特征之一，正因为信息的这一特征，才会使世界各国能够同时分享科学技术发展所带来的胜利果实。信息如果不进行传递与交流也就失去了自身存在的价值，更不能发挥其应有的作用。从本质上讲，信息传递只是一种手段，信息交流才是最终目的。通过各种信息传递手段，信息传递者与信息接受者之间才能形成互相理解、互相作用的良性循环。

（三）信息加工与发布服务

不是所有信息对于用户都是可以直接利用的，"信息泛滥"早已是信息社会一个不争的事实。要做好信息服务，其中一项重要工作就是对信息进行加工整理，并将加工后的信息予以及时发布，这样方能发挥信息的作用。信息加工是把原始信息素材转化为完整成熟的信息成果的重要过程，它决定着信息服务产品的层次和质量。信息发布服务是发布主体单位运用一定的发布手段把特定的信息发送到特定的信息需求者手里，表现为一个由此及彼的过程。

图书馆经过前期的信息搜集、信息加工、整理，其目的是提供给用户使用。通过用户对信息的利用，解决用户生产、生活、学习中遇到的问题，进而推动社会的发展和进步。

用户信息活动组织与信息保障服务。信息用户由于其学历、职称、知识结构、文化素养、兴趣爱好等的不同，把握信息、利用信息的能力也就参差不齐，图书馆应积极开展用户信息活动的组织和信息保障服务，帮助他们更好、更准确地掌握信息、利用信息。信息保障是根据信息组织以及各方面用户的需要，通过各种可能的途径和方式，提供多种形式的信息及信息获取、传递工具和其他各种信息服务，以确保信息开发工作的顺利进行。

四、信息服务的要求

为了提高信息服务质量，信息服务过程中应遵循一些基本原则：

1. 针对性原则。用户的信息需求是信息服务的出发点与归宿，在信息服务过程中，要有针对性地分析用户的信息需求，提供基于用户需求的服务产品，实现服务内容与服务对象需求相匹配。

2. 及时性原则。信息的价值与其提供的时间密切相关，信息的时效性决定着信息在不同的时间体现着不同的价值。

3. 准确性原则。准确性是信息服务最基本的要求。

4. 效益性原则。信息服务不仅要具有社会效益，而且还要讲究经济效益。只有用户和信息服务机构双方互惠互利，形成利益共同体，才能保证信息服务供求关系的"持续性"。

相应的信息服务的具体要求如下：

1. 信息资源开发的广泛性。信息服务须在充分开发信息资源的基础上进行，只有这样才能保证向用户提供的信息没有重大遗漏。为此，在信息服务工作中，首先要注重用户需求调研，尽可能地吸收用户参与工作。

2. 信息服务的充分性。充分性是指充分利用各种条件和一切可能的设备，组织用户服务工作。同时，充分掌握用户需求、工作情况及基本的信息条件，以确保所提供的信息范围适当、内容完整和对需求的满足充分。

3. 信息服务的及时性。及时性的含义包括两个方面：一是接待用户和接受用户的服务课题要及时；二是所提供的信息要及时，尽可能使用户以最快的速度得到他们所需要的最新信息。为了实现这一目标，必须保证有畅通的信息获取渠道和用户联系渠道。

4. 信息服务的精练性。信息服务中的一个至关重要的问题，就是向用户提供的信息要精，要能解决问题，即向用户提供关键性信息。要达到这个要求，就必须提高信息服务人员的业务素质，必须在信息服务工作中加强信息分析与研究工作，开辟专项服务工作，努力提高专业性信息服务的质量。

5. 信息提供的准确性。准确性是信息服务的最基本要求，不准确的信息对于用户来说不仅无益，而且有害，它将导致用户决策的失误，造成损失。信息服务准确性要求，不仅搜集信息要准确，而且要避免信息传递中的失真；同时，对信息的判断要准确，做出的结论要正确、可靠。

6. 信息服务收费的合理性。随着市场经济的发展，许多无偿服务已经向有偿服务或部分有偿的服务发展。信息服务也不例外。目前，许多信息服务都是有偿服务，但是从用户角度去看，支付服务费用应当确保一定的投入产出效益。这就要求在服务管理上要有科学性，同时注意到信息服务的高智能特征，在国家政策指导下制定合理的收费标准。

五、信息服务的体系结构

信息服务的领域十分广泛，不同类型的信息服务构成了信息服务的体系。按照不同的分类标准可以对信息服务进行不同的分类。一般说来，基于国内目前的情况，大致可以按照十个方面进行分类。

按照信息服务所提供的信息类型分为实物信息服务（向用户提供产品样本、试验材料等实物，供用户分析、参考、借鉴）、交往信息服务也称口头信息服务（通过"信息发布会"等活动向用户提供他们所需要的有关信息）、文献信息服务（根据用户需求，为其提供文献，包括传统的印刷型文献和电子文献）、数据服务（向用户提供所需要的各种数据，供其使用）。

按信息服务所提供的文献信息加工深度分为一次文献服务（向用户提供原始文献或其他信息）、二次文献服务（指将原始文献信息搜集、整理、加工成反映其线索的目录、题录、文摘、索引等中间产物，从而向用户提供查找文献信息线索的一种服务）、三次文献服务（对原始文献信息进行研究，向用户提供文献信息研究结果的一种服务，它包括综述文献服务、文献评价服务等）。

按信息服务的内容分为科技信息服务、经济信息服务、法规信息服务、技术经济信息服务、军事信息服务、流通信息服务等，这些信息服务一般按用户要求进行，具有专业领域明确、形式固定的特点。

按信息服务的方式分为宣传报道服务、文献借阅服务、文献复制服务、文献代译服务、专项委托服务、信息检索服务、咨询服务、研究预测服务等。

按信息服务手段分为传统信息服务（指通过信息人员的智力劳动所进行的信息服务，如利用书本式检索工具书提供检索服务）、电子信息服务（指借助于计算机和网络系统开展的信息服务）。

按服务对象（用户）结构分为单向信息服务（面向单一用户所进行的针对性很强的服务）、多向信息服务（面向众多用户在一定范围内进行的信息服务）。

按信息服务时间长短分为长期信息服务、即时信息服务。

按信息服务的范围分为内部服务、外部服务。

按信息服务的能动性分为被动信息服务、主动信息服务。

按信息服务收费分为无偿信息服务、有偿信息服务。

六、信息服务类型与服务模式

根据不同的标准，信息服务也有多种划分类型。常见的划分类型有：按照信息服务对象的范围，可以将信息服务划分为单向服务和多向服务；按照信息服务是否收费，可以将信息服务划分为无偿和有偿信息服务；按照信息服务的深度，可以将之划分为一次信息服务、二次信息服务、三次信息服务；按照信息服务的内容可以将之划分为科技信息服务、经济信息服务、技术经济信息服务、法律信息服务、流通信息服务、军事信息服务等；按照信息服务的能动性可以将之划分为主动服务和被动服务；按照信息服务持续的时间可以将之划分为长期信息服务和即时信息服务等。

信息服务模式描述的是信息用户、信息服务者、信息服务内容和信息服务策略等组成要素及其相互之间的关系，对信息服务活动的组成要素及这些要素之间相互关系的描述不同，就会构成不同的信息服务模式。信息服务模式分为基本模式、生成模式以及由网络技术引发的网络信息服务模式。信息服务的基本模式是指对信息服务的组成要素及其基本关系的描述，可以划分为传递模式、使用模式和问题解决模式三种类型。

信息服务四个要素之间的基本关系在实际中会因具体情况的不同而生成

许多独特的关系，也就是实际中会有许多生成模式。信息服务的四个要素中，如果在某种情境下有一个是明确的或无须着重考虑的，也就是只考虑其他的三个要素，就可以组合形成四条关系链："用户—服务者—服务内容""用户—服务策略—服务内容""服务者—服务内容服务策略"和"服务者—用户—服务策略"。以此为基础，信息服务就会产生与之相应的"交互—增值"模式、"平台—自助"模式、"用户—吸引"模式、"内容—承包"模式等生成模式。

网络信息服务概念是随着网络的发展、互联网的诞生而出现和流行起来的概念，可以把这种模式概括为"认知—应用—创新"模式，它描述了信息服务的技术应用过程，又反映了信息服务活动四个要素的基本关系。根据互联网的发展和应用情况，网络信息服务模式可以划分为网络环境下的信息服务、信息服务进网络和互联网信息服务三个阶段。随着信息技术的发展，网络信息服务将朝着技术与信息及四个要素之间的集成度更高、个性化服务、交互式服务、便捷服务等服务性能更高、智能化水平更高的方向发展。

第二章 图书馆信息服务概述

第一节 图书馆服务概述

一、图书馆服务的含义

（一）服务是图书馆的永恒主题

所谓"服务是图书馆的永恒主题"，就是把服务作为图书馆的办馆宗旨，在任何情况下不动摇、不偏离、不取代图书馆服务；坚持服务是图书馆的终极目标和根本目的，把服务作为图书馆一切工作的出发点和归宿，把服务作为贯穿图书馆一切工作的主线；始终坚持面向读者，读者至上，服务第一。

服务是图书馆学创立以来业界学者们研究的一个老问题，也是常谈不衰的问题，更是图书馆人不断探索、不断创新的目的所在，不同的时代、不同的时期赋予了它新的理念、新的方法。忽视它、放弃它，图书馆事业就失去了可持续发展的动力，图书馆学的研究就偏离了主题和方向，图书馆人的核心价值就无从实现，图书馆学也将边缘化、空洞化。

随着现代通信技术、网络技术、信息技术在图书馆的不断应用，发展数字图书馆越来越受到业界的重视，数字化阅读也越来越受到用户的青睐。于是，有人就认为发展数字图书馆是重心。而笔者认为，数字图书馆只是现代技术在图书馆中的应用，其目的是更好地做好图书馆服务，是为服务提供更先进的技术支撑和平台，使图书馆服务有了更广阔的空间和舞台，与服务是图书馆的主题并不矛盾。相反，发展数字图书馆是为了更好的服务，更好的服务离不开数字图书馆的支撑。图书馆的一切宗旨都是服务，也只能是服务，离开了服务，图书馆就失去了存在的价值。只有坚持服务，才能推动图书馆的全面发展，将图书馆有机融入社会，与社会建立和谐的不可分割的关系。

因此，我们认为，无论时代怎样发展，也不管新技术、新产品带给图书馆怎样的变革，服务永远是图书馆的永恒主题。

服务之所以是图书馆的永恒主题，其原因在于：

图书馆是人造系统，不是自然系统，是一种社会现象。它是人类社会根据需要，由人建立的。建立的目的是满足一定社会或一定人群的需求，服务是它的第一属性。人类文明发展到一定程度，产生和积累了许多"记忆"，"记忆"就是历史、知识、思想和发明创造。由于人体大脑存储"记忆"有限，就产生了记录和交流"记忆"的文字和记载传播"记忆"的载体，产生了人体之外存储"记忆"的图书馆，并伴随人类不断发展进步，成为人类社会活动不可分割的一部分。

图书馆是人类知识的宝库和信息资源的存储中心。是一个国家、一个民族的文明窗口和文化发展的标志，是社会的宝贵财富，属于公共财产，为全体公众所有。因此，图书馆有义务、有责任为他们服务。

图书馆是公共组织，是开放的，不是封闭的。由于它收藏的图书资料是社会共有的，建立的目的是为一定社会、一定群体服务的，因此它具有公共性、开放性、教育性、服务性、保存性。它既要为人类社会保存这些图书资料，又要用这些图书资料服务于社会，提高全民族的科学文化水平和国民素质。它要面向社会，为全社会开放，让人们充分利用。

（二）图书馆服务是一个不断发展的系统工程

图书馆服务是一项系统工程，绝不是有些人认为的服务仅仅是借借还还、守阅览室、解答读者咨询等。这种看法虽没有错，但不全面，更不深刻。我们认为，图书馆服务是个不断发展的系统工程，它包含三个基本要素：一是指导思想。只有有了正确的指导思想，才会有科学的、规范的实践活动，没有思想认识不会有行动。行动是由思想作指导的，若认识是错的，行动必然也是错的。思想认识产生于行动之前。二是行动。行动是在一定思想指导下进行的，包括行动的方法、步骤、实践。三是效果。有了行动，必有效益与后果，效益有多有少，后果有好有坏，必须通过一定方法进行评估。以上三个要素是一个整体，缺一不可。

图书馆服务是图书馆整体链中的一环，是最重要的一环，其他环节都是为它做铺垫的，为实现这一目标而存在。然而服务离开了其他环节，服务也无法实现。例如传统图书馆的图书采购、编目、图书典藏，数字图书馆的文献电子化、网络化都是服务的前提条件、基础，没有这些环节的存在，服务是不能实现的。

图书馆已有几千年的历史，其服务内涵不断扩展、延伸，从总体来说，经历了以藏为主，服务为辅；主动服务，面向公众；改善服务手段，提高服务质量，争取更大效益三个阶段。

第一阶段是以藏为主，服务为辅。这一阶段也可称为重藏轻用阶段，经历了漫长的历程。在纸和印刷术发明之前，由于社会条件的限制，生产力落后，知识总量不多，存储和传播知识的载体既少又重，因此以藏为主，服务为辅是符合当时实际的。一是从图书馆建立来看，早期的图书馆主要产生于皇宫、修道院、学校、私人，他们建立图书馆的目的，就是为了满足部分人的需要，服务于他们；二是为了保存上述单位的文书档案，不造成丢失，便于流传后世；三是文献载体数量很少，复本不多，借出怕散失，所以出现了馆藏图书；四是社会需求欲望不高。

第二阶段是主动服务，面向大众。随着社会的进步，生产力的提高，知识总量的逐渐增长，特别是11世纪，我国宋庆历年间（1041—1048），毕昇（？—1051）首创了泥活字版，并传入欧洲。公元1450年前后，德国人谷登堡受中国活字印刷术的启示，用铅、锡、锑合金制成了活字版。从此出版业逐步兴起，图书复本增多，这为图书馆图书外借和知识交流创造了条件。1731年，美国费城出现了由个人集资共同购买图书和共同利用的"会员图书馆"。时隔不久，美国城镇出现了免费服务的公共图书馆。1850年，英国议会通过了最早的公共图书馆法。1855年，英国的公共图书馆在5000人以上的城镇建立。从此，图书馆服务就由被动变主动，由为少部分人服务变为广大公众服务。这时的图书馆特征为：一是由为一部分服务，延伸到为广大公众服务；二是开始强调免费公平服务；三是由封闭服务到开架服务，19世纪末开架服务为英美不少图书馆接受，读者可以入书库，自由选择自己需要的图书。

第三阶段是争取更大效应。20世纪50年代以来，图书馆服务进入一个全新阶段。主要表现在以下方面：一是从思想上进一步明确图书馆与读者的关系，提出"读者是图书馆的主人""读者第一""读者至上""读者是上帝""服务至上""一切为了读者""千方百计吸引读者""千方百计为读者服务"

等口号，认为图书馆用的是纳税人的钱，理所当然要为纳税人服务；二是深入社会基层，为社会各阶层群体服务，特别重视为儿童、老年人、残疾人、病人、犯人服务，图书馆主动送书到工厂、学校、医院、监狱、社区、少数民族地区、偏远山区；三是采取多种方法手段为不同人群服务，如到馆借阅、送书上门、流动图书车、办分馆、建立网络图书馆等；四是延长开馆时间，有的图书馆一天24小时开门接待读者；五是优化馆舍布局，以大开间、大通透的形式建立"藏、借、阅、咨"一体化的服务模式；六是开展联机检索、信息查询、代查代检、定题跟踪、参考咨询等个性化服务；七是建立图书馆联盟，开展馆际互借，实现资源共享；八是为读者提供多种获取知识信息的渠道，如举办书展、画展、学术或指导讲座、报告会、故事会等。

图书馆信息服务是图书馆、用户、信息三方交互沟通的过程，是图书馆根据用户需求，采用多种形式提供信息服务的过程，是以信息为内容的服务活动。图书馆一切工作的出发点和归宿就是为用户服务，服务的最终目标是促进和协调用户与资源的交互作用，充分满足用户并解决不同类型用户对各种个性化信息需求。

二、图书馆服务内容的形态演变

图书馆作为文化浇铸的社会记忆装置，其服务内容与方式的发展演化与信息技术，社会文化、用户的行为模式变化等都密切相关。图书馆发生作用的界线是由文化和构成文化的各种体制规定的，如果图书馆脱离它自己的从属的文化观念和价值体系太远，其结果要么成为历史上的恐龙，要么进化成未来世纪的新的"物种"，因为图书馆既然是"一个不断增长的有机体"，它就必须与时俱进，能够从文化母体和其他机构中吸取新事物，摒弃旧观念，不断改变其规模，更新其形态，从而获得进化的条件与机制。

纵观历史，图书馆的服务与方式大体经历了以下几种形态，并在整体上呈现阶梯函数，其中的每一个较高层次都源于较低层次，但呈现出优于较低层次的新的特征。

（一）文献实体服务

考古发现，约公元前3000年，在两河流域的古巴比伦王朝的一座寺庙废墟附近，就有大批泥板文献被集中在一起，成为已知最早的图书馆。直到近代印刷革命和产业革命之前，古代图书馆——无论是西方的尼尼微皇宫图书馆、亚历山大图书馆、欧洲中世纪的寺院图书馆，还是中国殷商时期的"窖"藏甲骨、周代的守藏室、隋唐的书院——在整体上都表现出对社会的封闭性，由此便决定了古代图书馆以文献实体服务为特色的服务内容与方式。

（二）书目信息服务

书目的根本特点是在于它组织的不是信息资料本身，而仅仅是关于他们的信息。人们对文献实体分离出来关于文献的信息，并为克服文献与需求者的矛盾以达到统一记录和组织这些文献信息的活动，是一切书目活动历史的和逻辑的出发点，而提供书目信息服务则是书目活动的目的和归宿。

在我国，由于纸质载体和印刷技术的发明，古代文献卷帙浩繁，书目信息工作由来已久。在西方，书目信息服务大体上与近代图书馆的发展同步，西方近代图书馆起源于文艺复兴和宗教改革时期，欧洲进入资本主义社会后，大机器生产需要有文化的工人，教育开始普及到平民，文献生产能力大大提高。从而使一些全国的图书馆开始向社会开放。17世纪，德国图书馆学家G. 诺德提出图书馆不应仅为特权阶层服务，应该向"一切愿意来图书馆学习的人开放"。到19世纪中期，以英、法等国为代表的工业革命基本完成，科技革命迅速发展，以英国的《哲学汇刊》(1665)、德国的《药学总览》(1830)、美国的《工程索引》(1884)等为代表的科技书刊和文献索引纷纷出现，西方的目录学也正是在这样的经济、科技的基础上获得了快速的发展。以1895年世界性的目录学组织"国际目录学会"的成立为标志，世界目录学实现了从传统目录学向现代目录学的转变。

与此同时，除了传统的文献实体服务之外，各种书目信息工作、服务和管理在图书馆中开始活跃起来，尤其是分类目录、卡片目录、各种二次文献信息产品的开发，新到书刊目录报道、推荐书目服务以及相关的书目控制、书目情报系统建设等逐步成为图书馆活动和服务的中心工作。

（三）参考咨询服务

参考咨询是指图书馆员对用户利用文献和寻求知识、信息方面提供帮助的活动，它是以协助检索、解答咨询和专题文献报道等方式向读者提供事实、数据和文献检索。参考咨询更加强调图书馆的情报职能，更为注重用户的信息需求，它将书目信息服务提升为不仅为用户提供书目工具，而且还要解决实际问题。

一般认为，比较正规的参考咨询服务是19世纪下半叶最早在美国公共图书馆和大专院校图书馆开展起来的。1876年，伍斯特公共图书馆馆长S.格林在向美国图书馆协会第一次大会提交的题为《图书馆员与读者之间的个人关系》一文中提出，图书馆对要求获取情报资料的读者应给予个别帮助。此文被视为关于图书馆开展参考咨询服务的最早倡议。1891年，图书馆学文献中出现了"参考工作"这一术语，此后参考咨询服务理论逐渐被图书馆界接受和应用。

20世纪初，多数大型图书馆成立了参考咨询部门，并逐渐成为图书馆服务中的一项重要内容。随着文献信息的激增和用户需求的增长，早期的指导利用图书馆、利用书目解答问题等服务内容逐渐发展到从多种文献信息源中查找、分析、评价和重新组织情报资料，到20世纪40年代，又进一步开展了包括回答事实性咨询、编制书目、文摘，进行专题文献检索，提供文献代译和综述等服务项目。

（四）信息检索服务

20世纪中后期，西方工业国家的科技发展使信息处理问题凸显出来，尤其是以德国、英国、美国和苏联为主的一些国家积累了大量的需要处理和利用的科技文献资料和科研成果，计算机问世并被应用于文献加工领域，新学术思想活跃以及新的学科的不断诞生。与此同时，一些图书馆开始利用计算机和现代通信技术建成各种文献数据库、数值数据库和事实数据库，并逐步实现了联机检索，使参考咨询服务中的部分工作自动化；另一方面，参考咨询工作的流程，即接受咨询、进行查询、提供答案、建立咨询档案等，也为信息检索服务的方法和策略提供一种框架。这些都使得信息检索服务方式呼之欲出。

1945年，美国科学家V.布什在《诚若所思》（"As we may think"）一文中首次提出了机械化检索文献缩微品的设想。1948年，C.N.莫尔斯提出了信息检索的概念和思想；英国文献学家S.C.布拉德福于1948年发表了《文献工作内容的改进和扩展》一文，强调了自19世纪90年代以来蓬勃发展的文献工作到20世纪40年代所面临的必须革新的局面。这些都铸成了图书馆文献服务内容与方式从文献实体或文献信息为主体向信息资源为核心的历史性转移。

之后，图书馆工作中的许多工作，诸如信息收集、信息组织、检索语言的编制、用户需求的调研等都开始以信息检索服务为中心开展起来。从20世纪50年代开始，美国人M.陶伯、A.肯特、H.P.卢恩发明的题内和题外关键词索引等，英国的布拉德福和B.C.维克利对文献分布、R.A.费尔桑对分类检索、C.W.克莱弗登对检索系统性能的评价问题等都分别做了研究。

尤其是20世纪90年代，各种计算机检索系统都迅猛地发展起来。如美国国家航天和航空局的RECON信息检索系统、美国国立医学图书馆的MEDLARS、洛克希德公司的DIALOG、系统发展公司的ORBIT以及书目检索服务社（BRS）的联机检索系统等都相继投入使用。

根据M.莱斯克的看法，从1945年开始，信息检索业已经历了Childhood(1945—1955)、The Schoolboy(1960s)、Adul - hood(1970s)、Maturity(1980s)、Mid - life Crisis(1990s)五个阶段。随着人工智能、计算机语言、海量存储技术等的发展，尤其是图书馆文献的计算机化和多媒体化的发展，到2000年，传统的联机检索"功成名就"(Fulfillment)，而信息检索将会在2010年左右退出历史舞台（Retirement）。我们认为，随着检索的智能化、数据挖掘、知识发现的发展，以及各类信息咨询和信息调查机构的兴起，全文本、多媒体、多原理和自动化等新型检索方式将会取得长足的进步，信息检索服务将演变成图书馆网络化知识服务的基础和手段。

（五）网络化知识服务

网络化知识服务是与信息资源的网络化和知识经济、技术创新的社会背景息息相关的，也是信息检索服务发展的必然结果。从20世纪90年代之后，随着网络技术的发展和普及，图书馆的数字化、信息资源的网络化、信息系统的虚拟化，以及各种非公益性的信息机构将包括文献信息检索、传递在内的信息服务直接提供给最终用户，导致信息交流体系和信息服务市场的重组，图书馆对信息服务的垄断地位也不复存在。这些都促使图书馆必须迅速调整和充实服务的内容和策略，重新定位其核心竞争能力，使现有的以信息检索为核心的服务方式向网络化知识服务方式转变，以保证其在数字化、网络化环境中的社会贡献、用户来源和市场地位。

网络化知识服务是图书馆信息服务的高级阶段，是一种基于网络平台和各类信息资源（馆藏物理资源和网络虚拟资源）、以用户需求目标驱动的、面向知识内容的、融入用户决策过程中并帮助用户找到或形成问题解决方案的增值服务。网络化的知识服务具有个性化、专业化、决策性、整合性和全球化等特征，基本上属于单向或多向主动型服务。

（六）泛在知识环境下的泛在化服务

近年来，泛在图书馆理论和泛在图书馆应用的思想在国内外图书馆界极其活跃，已成为专家、学者们关注和研究的热点。泛在图书馆给出了数字图书馆新的内涵和定义，泛在知识环境带来了数字图书馆服务环境和用户需求的变革，也改变了数字图书馆的研究方向。

"泛在"从字面上讲就是广泛的存在，英语词汇为 ubiquitous，意思是"无所不在，广泛存在"。在 2003 年的"后数字图书馆的未来"研讨会上，有学者提出了数字图书馆要协同 NSF/ACP 知识基础设施建设并要创建泛在知识环境。在会后发表的研究报告"Knowledge Lost in Information"中，将数字图书馆的未来描述为构建"泛在知识环境"。虽然到目前为止，国内外学者并未建立起一个清晰的"泛在图书馆"概念体系，但对"泛在知识环境"给出了较为明确的概念，就是要构建多语种、多媒体、多格式、多形态、移动的、语义的数字图书馆知识网来检索人类知识，使信息服务将更加实质性地转向知识服务。

三、图书馆服务的主要类型与方式

（一）个性化定题服务

网络化知识服务首先是一种个性化的服务，它是针对某一具体问题，按照不同客户的主题需要进行的个性化应用服务。个性化定题服务就是在全面客观地分析用户的信息需求后，通过信息挖掘、知识发现、智能代理等技术，对各种信息资源进行过滤，得到用户所需要的、个性化的信息资源精品，并利用电子邮件、频道推送或建立用户个人网页等方式传送给用户。这种方式强调按用户需要量身定制、跟踪服务，服务过程则根据具体用户的喜好和特点来展开。具体包括定期向用户提供新到文献通报、定题选报、定题资料摘编、定题检索等多种服务方式和方法。目前国外开展的 My Library、My Gateway、My Link、My Update 等，得到了美国图书馆和信息技术协会（LITA）的推崇，认为这种服务是最"值得关注"的趋势，并提出"图书馆用户是正在成长的网络用户群体，他们期待着个性化、交互性和客户支持服务，以图书馆非用户为中心的方法和手段将越来越无关紧要"。

（二）学科知识支撑服务

这种方式是将精心选择和管理的学科知识库或知识单元、学科资源导航、专业化的检索工具（如专门的专业搜索引擎）、学科论坛、专业研究和会议动态、专题文献报道等集成在一个界面。这样，一方面通过提供前台服务及时与学科专家进行沟通，另一方面能够集中力量开展重点学科的信息资源建设。同时，独立的组织建制和学科馆员制度还能够使图书馆建立起与特定服务对象的长期服务关系，从而提供更为具体的连续性服务。

实践表明，图书馆尤其是高校图书馆，应当积极主动地参与重点学科建设，这既是促进其自身建设发展的需要，也是办出特色、创建品牌形象的需要。图书馆如果积极参与重点学科建设，其自身的定位就得到了保证。通常来说，重点学科的建设一般都有多级专项经费做保障。因此，如何确立重点学科藏书范围、建立重点学科数据库和知识导航系统等将成为许多图书馆的一项重要任务。

（三）数字参考咨询服务

开展数字参考咨询服务（Digital Reference Service），为科学研究和管理决策提供知识辅助是现代图书馆服务不可或缺的重要组成部分。随着网络咨询业的兴起与发展，已有许多图书馆，如美国国会图书馆、中国国家图书馆、北京大学图书馆、清华大学图书馆等，纷纷开展了诸如"电子邮件咨询""电话咨询""在线实时问答咨询"等项工作。其中，由 OCLC 和美国国会图书馆联合开发的 Question Point 是目前最具代表性的合作虚拟数字参考咨询服务系统。该系统可以在网络环境下，通过与图书馆主页简单链接的方式提供多功能参考咨询界面，用户和馆员可以利用电子表单、邮件交互、在线聊天等方式进行咨询，对于本馆无法回答的问题，可以根据本地区合作组的情况，将问题转交给合作组中的其他成员馆回答，还可以将无法回答的问题提交给全球参考网络，通过全球参考网络中的请示管理器（Request Manager）将问题发送到最合适的图书馆。目前，全球已有 300 多家图书馆及信息机构加入该系统中，国内的清华大学图书馆和北京大学图书馆也成为该系统的成员馆。

（四）课题研究顾问服务

这是一种根据用户科学研究的课题（项目）需要，依靠临时团队提供知识服务的图书馆服务方式，即针对特定任务组织专门的研究团队和相关资源开展服务工作。这种模式最早是以顾问公司、诊断公司的形式存在和发展，比较著名的有兰德公司、日本野村综合研究所等。其特点是柔性的组织机制、嵌入式的服务方式和专家的广泛引入。

随着社会用户尤其是科研用户对知识资源、知识创新、专项科学研究等需求的提升，图书馆必须借鉴咨询公司、情报机构的服务方法，根据用户课题研究的需要，建立人员更加专业、分工更加有效的顾问式小组或团队，甚至可以从馆外聘请相关的专家教授，为课题委托方提供全面的查询服务、社会调研服务、知识发现和增值服务等。换言之，这种方式关注和强调的是利用专家知识和馆藏资源（包括网络资源），通过深度加工形成创新型知识服务产品，如课题研究文献综述或研究报告，为用户解决他们自己不易解决的问题，最终达到制定决策方案、完成研究课题、实现知识创新的目的。

（五）虚拟知识平台服务

图书馆的数字化和网络化将会产生"网络就是图书馆"的现实，置身于网络之中的用户，就如同置身于巨大无比的图书馆中，众多网上数字图书馆的数字馆藏构成一个无处不在的逻辑知识库，用户接触到的是用户界面及知识本身，而不关心收藏信息或知识的物理场所。因此，图书馆的物理形态已经虚拟化，形成所谓的虚拟图书馆。

虚拟知识平台要求资源的全面整合，这些资源包括图书馆内外的人才资源、藏书资源和网络资源。只有这样才能扩大图书馆的职能，将终身教育、远程教育、用户信息素质教育等新理念带入到现代的图书馆中。例如，美国特拉华大学图书馆设立的"虚拟图书馆用户培训家庭教师"(The Virtual Library Tutor)、康奈尔大学图书馆研制的"用户培训计算机辅助教学"等都使图书馆真正成为用户的教育平台和知识殿堂。

作为一个知识平台，图书馆可以采用网上超市的运作方式和服务策略，将知识资源的采购、加工、管理、服务等有机地结合起来，接受网络用户的监督和评价，真正从用户需求出发，实现图书馆服务的公正、公开和公平的"一站式"系统服务。目前，我国的科学院系统图书馆、高校系统图书馆都在努力营造虚拟的知识大平台，为用户提供包括中国知网、万方数据等在内的各种知识资源，并接受用户的监督和评价。

第二节 图书馆信息服务概述

一、图书馆信息服务的类型

根据信息服务的内容，可以将其划分为信息检索服务（延伸出定题服务）、文献提供服务、网络信息服务、信息开发服务（包括信息推送和信息定制服务）和咨询服务五种类型，这些服务方式反映了信息对实际工作的渗透辅助程度。

（一）检索服务

网络化的检索形式向着多样性、广泛性、专业性方向发展，面对广泛的用户群和多样性专业化的信息需求，为信息检索提出更高的要求，咨询服务人员必须熟悉各种数据库的检索方法、网络资源的分布以及信息资源的订购、索取联系方法，才能最大限度地满足用户个性化的需求。通过对检索技术的优化，使信息服务平台的信息检索能够实现。

（1）元数据检索

统一将元数据作为信息资源的组织和描述语言，使馆藏资源既包括图书、报纸、期刊等纸质资源，也包括各种类型数据库等资源都有不同格式的元数据。信息检索服务应提供组合条件查询的统一检索界面，对不同资源抽取出统一的元数据描述，使用关系数据库存储，利用 SQL 语句进行查询。

（2）异构数据库检索

随着网络数据库的不断增多，检索的方式有本地镜像、网络镜像和用户账号等，用户要使用这些资源就得打开不同的数据库，进入不同的系统，一定程度上增加了用户操作的困难。针对这种情况可采用元搜索引擎技术，在不同的系统上提供一个统一的抽象层次，使得不同系统对于用户来讲是透明的，用户可通过一个统一检索界面获得多个数据源资源。

（3）关联检索

在各种数据库之间建立各种关联检索，这种建构理念和方法不仅描述了各种概念，还通过标引体现了概念和概念之间的联系，可以使用概念检索的技术实现关联检索和更高级的智能检索。

(4) 多媒体检索

随着多媒体数据库的建设实现多媒体数据检索，为视频、音频资源的收集整理、数字化处理、揭示、存储及基于网络的视、音频服务构建系统平台。

（二）定题服务（SDI）

它是检索服务的延伸，主要是针对用户的科研课题或攻关项目开展的专题跟踪服务，满足用户需求全过程。由于资源覆盖的广泛性早已超出传统的服务内容及非网络化的技术手段，所以网络环境下的定题服务更具有主动的、动态的、时效的服务功能。实现计算机网络化检索、网络化传递，能够快速准确地满足用户需要。同时，还可以定制服务模式，启用 SDI 系统，自动为用户提供信息服务。

网络环境下的定题服务可分为直接定题服务和间接定题服务。

（1）直接定题服务。数据库本身或数据库公司直接为用户提供 SDI 服务。例如，数据库具有 SDI 功能，个人用户可存储检索词或检索组合式，数据库定期将最新的、符合用户检索要求的文献存入用户文档或发送到用户 E-mail 邮箱。

（2）间接定题服务。由熟悉电子资源的咨询人员利用数据库和网络资源检索到符合用户需要的相关文献，启动本馆的 SDI 服务平台（本馆已有或购买服务软件），定制需要搜索的数据库或资源站点以及检索词或检索式，服务系统的搜索引擎则定期将最新的信息资源传给用户。这种服务方式正是需要重点探索的方向，也是咨询服务的更高层次。选择一个好的服务平台，深入开展定题服务，有助于建立本馆的"虚拟馆藏"。其步骤是：具有功能完备的 SDI 服务平台；选择重点学科及重点项目；掌握课题需求的内容及要求；确定检索词、检索策略、数据库及信息种类等；定制检索模式及功能设置，启动搜索引擎；分类、加工、整理、组织信息来源，建立"虚拟馆藏"。

（三）文献传递（FTP）

网络文献传递服务是发展很快的一种服务形式，主要是信息提供部门根据用户的特定信息需求，通过 E-mail、联机下载、脱机邮寄等形式，将原文等信息传递给用户。网络环境下的资源下载、索取及传递可分为全自动传递方式和人工辅助传递方式。全自动传递是指通过网络对数据库或网络资源进行检索，在网络环境下"一站式"获取全文文献的服务方式，主要以全文数据库的全文链接实现下载、保存及打印功能。其前提必须是校园网用户或授权用户方可自主实现下载功能，但要求用户熟悉数据库的使用方法和具有综合利用网络资源的能力。人工辅助传递是指用户委托信息提供部门代为检索、索取或订购所需文献，而这些信息的发送及提供全文的传递手段是通过网络传输的。

（四）网络资源导航

将网络中广泛、丰富而又杂乱无章的信息资源经过选择、整理、组织、分类后链接到本馆主页，为用户提供网络资源导航服务。通常可分为：

（1）常用网络资源导航。即选择常用的导航网站，包括国内外重要网络搜索引擎、网上免费数据库、大型图书馆网站、学术机构站点等。

（2）专业网络资源导航数据库。它是较深层次的网络资源搜索并序化组织的情报产品。该数据库将搜集的专业网站组织链接，组成多层次的目录指示数据库。有些导航库还配置检索引擎，可输入检索词或检索式，获得与之相匹配的检索结果查询方式。

（五）信息推送（Push）服务

根据用户的个性化信息需求，制定一定的推送策略，主动为其提供信息服务，并能根据用户对推荐内容的反馈进一步改进推荐结果。信息推送服务的特征：一是针对性，即根据不同的用户采取不同的服务策略，提供不同的信息知识；二是主动性，按照用户的专业特征、研究兴趣主动推荐相应的资源；三是引导性，通过用户交互式查询和知识评价，培养用户个性，引发需求，引导需求，提高数字资源的利用率。

通过个性化推荐系统的人机交互界面，可以收集到用户访问图书馆资源的情况。对用户以往访问情况进行分析，得到用户对哪些资源感兴趣以及用户对资源的评价。把这些信息分别存放在用户兴趣信息库和用户资源评价库中。

（六）信息定制服务

信息定制服务是指用户根据自己的专业需求，对数字图书馆知识资源系统和网络学术资源进行有选择的定制，系统定期检索、下载，并按用户要求以不同方式加以推送。这是对信息检索服务的拓展，用户一次性提出检索条件和相关要求，系统根据要求定期地执行用户的检索条件，把检索结果推送给用户。信息定制服务的实质还是信息检索，但信息定制服务更强调以用户为中心，是一种个性化服务方式，主要提供：

（1）课题检索服务。为政府、企业、科研机构等各种研究课题提供全方位的文献检索服务。可根据要求,以书目、索引、全文等方式提供检索结果。

（2）事实、数值信息检索服务。提供各学科领域有关事实性信息的检索服务。提供科学数值、统计数据以及一些特殊要求的数据信息检索服务。

（3）文献收录及被引用检索服务。查询作者、论文、期刊等被 SSCI、A&HCI、SCI、CSSCI 收录及其引用情况。

（4）期刊目次传递。图书馆将用户选中的每一期新到期刊的目次页用 E-mail 方式传送给用户。

（5）新书推介。

（七）参考咨询服务

参考咨询服务是指以人力资源为媒介,以网络为基础建立的咨询服务平台。主要服务形式包括：Help 和 FAQ 信息服务、实时和非实时网上参考咨询系统、同步浏览页面的咨询系统等。咨询平台的服务应能够充分体现出数字化图书馆的服务体系,主要具备以下功能：

（1）互交式咨询。主页设有"咨询台",用户通过咨询台界面可提出的各种咨询问题,由咨询馆员实时快速给予解答；用户还可以提出服务请求,有关部门会将服务结果尽快发送给用户。

（2）电子邮件。根据需要,也可将服务结果发送至用户邮箱。

（3）阅读和下载。提供的服务结果可以是图像、文本或超文本链接,用户可以在线阅读或下载到本地。

（4）自动建库。对咨询问题及结果自动分类建立咨询档案,并针对用户的需求设置定制服务,以便连续、定期提供服务结果。

咨询服务系统包括如下服务项目：

（1）E-mail 咨询。用户向馆员提交问题,馆员把解答发送到用户填写的电子邮箱（非实时）。

（2）常见问题（FAQ）。列出图书馆服务内容、服务项目、馆藏资源及其利用方面的常见问题,作简明扼要的解答,提供问题列表和查询接口。

（3）咨询馆员解答。将咨询馆员和学科馆员的信息放到网上,便于用户以电话（实时）和电子邮件（非实时）方式进行咨询。

（4）实时咨询。用户和咨询馆员通过登录服务器进入实时咨询系统,模拟面对面咨询的情景进行咨询问答,又称为实时交互式参考咨询服务。

（5）咨询案例。整理各类咨询记录,列出有代表性的咨询问题,给出问题的查找途径和结果，提供案例列表和查询接口。

（6）参考工具。提供百科全书、字典辞典、指南手册等方面的在线参考工具，方便用户查找各类问题。

网络环境下的信息服务随着网络环境的改变、网络技术的发展、网络资源的扩展而成为一个需要不断拓宽服务内容、深化服务层次的生长点，需要探索出一个全方位的新的服务模式。

二、图书馆信息服务的主要特征

关于图书馆信息服务的特征，除了具有信息服务的普遍共性外（如前所述），图书馆信息服务又有不同于一般信息服务的特性：

（一）图书馆信息服务具有知识性

图书馆是人类经验和知识长期积累的产物，它的发展也是知识创新的驱动结果。图书馆从搜集、选择、加工、传播到服务的最终提供乃至后期的跟踪服务这一全过程都是围绕知识和信息进行的，由此促进显性知识和隐性知识的相互转化，使知识资本得以充分利用，进而促进现实生产力。

（二）图书馆信息服务具有依赖从属性

图书馆信息服务作为一种社会现象，是社会实践和科学技术不断发展的结果。同时，也从形式到内容上不断发生演变，图书馆信息服务依附于一定社会系统而呈现时代特色，同时图书馆信息服务本身要依赖相关知识和信息服务于特定的信息需求。

（三）图书馆信息服务具有明显的开放性

图书馆信息服务的信息是开放的，图书馆的宗旨就是最终实现信息知识资源的全球共享。图书馆信息服务的用户也是开放的，用户不分其国籍、民族、性别、年龄、地位等的限制，只要有信息知识的需求，图书馆信息服务就要满足用户的需求。

（四）图书馆信息服务具有连续性

这一特性主要体现在图书馆信息服务各项工作节点的连续性和不可脱离性以及人们认识客观事物的规律上。人们是在逐步深化的过程中认识事物存在的，只有在不断补充信息知识的前提下，才能逐步完成对客观事物及规律的确定。因此，图书馆信息服务是持续不断地为用户信息与知识。

第三节 图书馆信息服务的发展与演变

一、传统图书馆信息服务现状

(一) 传统图书馆信息服务模式的特点

传统图书馆服务包括借书、还书、复印、代查代检、新书通告、读者讲座、阅览、定题服务、科技查新、馆际交流等内容，其信息服务模式是利用馆藏和馆舍直接为读者服务，服务手段一般是单一性的和原始化的。具体讲有以下几个特点：

1. 被动式服务方式

被动式信息服务流程主要是图书管理员将图书馆所收集到的信息资源进行加工整理，形成新的信息产品，最后将信息产品提供给需要的用户，主要方式是：馆内阅览、图书外借、文献复制和参考咨询等。图书馆被动信息服务模式是以图书馆管理员为中心的信息服务，这种模式的弊端主要体现在将图书管理员作为信息服务的中心，忽略了用户真正的信息需求，用户对信息的获取完全来自图书馆管理员，也只能被动地接受他们提供的信息服务，无法获取自己想得到的信息。

2. 封闭性服务

传统图书馆服务一般只在图书馆建筑馆舍内，为读者提供面对面的服务，并且有开馆、闭馆时间的限制。并且由于工作机制、人员、设备的限制，传统图书馆的信息服务有许多局限性，服务工作内容还停留在借书和还书上。

3. 劳动密集型服务

图书馆工作人员对文献的加工、利用属于劳动密集型的工作。比如：需加工图书以整本书为著录单元，期刊以一种刊物为著录单位。工作人员在书刊的采编、加工、入库、管理、流通等流程中主要从事重复性劳动，工作烦琐、科技含量低且劳动强度大。

4. 服务对象受限

虽然传统图书馆服务的对象从理论上讲是面向社会大众的,但由于其服务方式的局限性,实际的服务对象很有限。传统图书馆一般面向比较固定的读者群,主要对到馆的读者服务,服务对象集中在所属的行业或系统,比如科研单位、大专院校、国家机关等都有自己的图书馆。公共图书馆有自己的读者群,高校图书馆有自己的读者群,专业图书馆也有自己的读者群。由于传统的服务模式,培养了传统的读者群,致使他们习惯把获取信息的主要渠道和方式仅仅放在各自的图书馆,获得信息的方式和渠道单一,获得信息的质量和数量也非常有限。

5. 浅层次文献服务

传统服务模式以收藏、加工和保存图书、期刊、资料等纸质的文献信息为主。服务内容主要是根据读者的需求为其提供图书、期刊、报纸、缩微胶片等以印刷型为主的实体馆藏文献,且数量有限。有的图书馆对文献的深层次加工做得很少,所有业务都还是围绕原始文献开展的,只能解决一般性的咨询问题。

(二) 传统图书馆服务模式的弊端

随着时代的不断进步和快速发展,传统图书馆服务模式已无法满足当前人们在图书馆方面提出的个性化要求,其弊端也日益显露出来,主要表现为以下几方面:

1. 文献查找及获取不易

无论是对于任何一个群体而言,要想获取到一些资料、信息或者是数据,图书馆都是最佳的选择。但由于传统图书馆服务模式的落后与单一,在查找文献资料时,需耗费大量时间与精力。

2. 纸质文献利用率较低

传统图书馆馆藏很多的纸质书籍,但随着网络信息服务的发展,进入传统图书馆对纸质的书籍或者是资料进行查询和翻阅的读者越来越少,久而久之,纸质文献的整个利用率就会越来越低。其主要原因包括:①由于纸质书籍介质本身的局限性和种类的差异性,纸质书籍在课题的整个引用过程中非常不便。②纸质书籍会被放置在各个不同的区域中,对于需要不同类型文献的读者而言，对所需文献的搜集和利用有诸多不便。

(三) 传统图书馆信息服务面临的挑战

1. 基于用户的数字信息环境的形成

20世纪90年代以来，信息生产、传输、利用的方式正发生本质的变化，它们必然要对图书馆信息服务的内容、方式和机制产生巨大影响。

(1) 数字信息主流

我们已对数据库、全文出版物、网络资源等非常熟悉，但对数字信息在信息环境中的规模和分量长期缺乏量化的把握，因此，我们习惯地（或自我安慰地）认为印刷载体仍然是主流信息载体，传统图书馆模式仍将长期发挥主流信息服务渠道，并且常常引用少数"权威"图书馆学家的评价来回应越来越多的用户（尤其是居于科研教育前沿的用户和信息需求与查找最为活跃的年轻用户——而他们恰好是对公共信息政策及相关投入最有影响的用户群），回避信息主流正越来越多地转向数字信息的事实。

实际上，数字信息正成为主流信息资源。数字信息交流化不仅意味着信息可获得性的极大提高，而且迅速促成"信息及其存取的民主化"，越来越多的个人、群组或机构可以方便地低成本地打破专门机构的垄断，在大范围、大规模和持续地发布、获取、存储信息，并进一步导致以用户和信息生产者驱动的信息资源与服务市场新格局。

(2) 学术信息交流过程的重组

传统学术信息交流体系学，图书馆往往是主要的甚至是唯一的对信息进行可靠收集存储、组织、"本地化"整合和直接提供信息服务的机构。这在根本上源于印刷载体传播利用的经济和效率因素，也造就了图书馆所拥有的"被俘获的"市场和用户。但是数字信息环境正急剧地改变这一切。

几乎所有的主要出版商都已建立和提供全文数字化文献（尤其是期刊），直接向用户提供基于网络的免费检索和收费传递服务，形成不依赖图书馆的可广泛利用的数字化学术信息资源体系。许多文摘索引商和检索服务商正积极将文摘索引检索服务与出版商的数字化资源、图书馆馆藏目录、万维网资源目录，甚至文献传递服务商相连，从而提供包括文献检索、文献传递以及相应的管理功能等的全面信息服务。发行商也利用自己与出版社和图书馆的广泛联系，构建新的数字信息传递平台，为图书馆及其用户提供一个集成化的检索、利用和管理图书馆所订购的所有虚拟数字化期刊的体系。一些新型的信息服务运营商通过广泛连接（或收购）出版商、检索商或其他信息服务商，并开发新的服务内容，形成新的数字化集成化信息服务模式。用户在数字化的学术信息交流体系中发挥出越来越主动和多样化的角色，通过个人网页、群组或项目网站、数字文献存储系统等来大量发布信息和直接提供服务。

在新的数字环境下，一个信息生产者驱动、直接面向信息用户的数字化学术信息交流体系已初见端倪，传统的各类机构严格有序的分工已被打破，通过无所不在的网络和市场化竞争，信息传递和服务再也不必依赖资源能力、地域、知识和行政隶属分割市场和业务。

用户工作空间数字化。对于用户来说，数字化已经不仅仅是个资源概念了，通过电子邮件、FTP文件、讨论组、网站等进行信息交流在科研与高等教育领域已是正常的甚至是主流的交流途径，而且用户的基本工作空间和工作流程正逐步数字化。这种变化将信息资源、信息服务、信息交流和用户工作过程聚合在同一数字空间，使用户的信息获取与利用空间整体地处于数字化状态，将会极大地改变用户信息需求的主要指向和用户信息检索利用的基本方式。

我们承认传统的图书馆信息服务（例如物理馆藏的建立、编目与流通等）仍然有一席之地，但其相对用户相对重要性的贡献将被迅速削减，图书馆迫切需要发展与用户在数字工作空间中的新需求和新行为方式相适应的服务内容和服务机制。

2. 传统图书馆信息服务面临的挑战

社会信息服务业对图书馆信息服务的冲击。随着信息环境的改善和信息需求的不断增长，社会上各种信息服务机构和咨询机构如雨后春笋般涌现。这类信息服务机构不仅技术手段先进、服务方式灵活、业务工作富有特色，而且能围绕经济建设和社会发展的热点、难点，提供科技、法律、市场、人才、决策等信息咨询服务。他们能主动调查了解用户的需求，因而开发出来的信息产品具有很强的针对性，能满足用户需要。相比之下，图书馆由于受到环境、体制、机制的制约，不仅服务观念陈旧，信息服务技术手段落后，而且服务方式死板，只有坐等用户上门的被动服务，加上专业人才缺乏、复合型人才少，难以开发用户需求的信息产品，更无法提供个性化信息服务，致使图书馆信息服务日趋衰落。

图书馆信息服务与网络时代的要求不相适应。传统图书馆在信息服务中除观念陈旧、管理服务方式落后外,还暴露出技术手段滞后,不能适应网络时代发展的要求;许多图书馆仍然采用传统的手工服务方式,信息采集和传输手段滞后,有些图书馆虽建有局域网,但仍未实现真正的网络化信息服务;图书馆的服务水平是低层次的,面对大量涌现的非文献资源,还固守在基于文献的信息阵地上,满足于参考咨询、代查代检、打字复印等浅层次的文献信息服务,无法涉足深层次的信息开发;图书馆的馆员素质有待进一步提高,现有馆员知识结构不合理,图书馆学非专业人员占大多数,其他专业人员基本空白,还有一些只掌握一般性书刊管理知识的职工,缺乏一支专门从事深层次信息开发与服务的学者型人才队伍。

(四) 传统图书馆服务模式的发展趋势

在信息高速发展的时代,传统图书馆要成为现实中的现代图书馆,就必须适应时代的需要,抓住机遇进行变革,实现服务模式的根本性转变。即:由"封闭型"向"开放型"转变;由"内向型"向"辐射型"转变;由被动服务向主动服务转变;由参考咨询向信息服务转变。

服务观念要以人为本、以市场为导向。在互联网时代,信息传播飞速发展,传统图书馆必须加强为读者服务的观念,充分了解读者的需要,定期做好读者满意率调查,了解读者的各种需求,定期开展读者服务活动,做好定题服务和信息咨询。

传统图书馆承载着人类知识信息传承与发展的责任,传统图书馆的纸质书刊是现代数字图书馆传统知识信息的主要来源。因此,传统图书馆今后的发展应做到以下四个方面:

1. 发展图书馆的网络服务功能

利用图书馆的整体化优势进行图书馆网络的优化组织与协调,促使网络的信息服务功能在图书馆的服务中充分实现。在网络环境下,高新技术渗透到图书馆的各个环节、各项工作,从图书预订、采购、分类、编目,到典藏、加工,从新书上架、借阅,到电子书刊等信息的发布,以及图书馆网页的制作与读者见面,乃至图书馆的管理等工作环节都纳入统一的网络化管理的范畴之中，图书文献信息与读者见面的时间缩短了，服务质量提高了，服务的内容丰富了，服务的形式多样了，传统图书馆的办馆思想、工作程序也随之转变了。

2. 开发特色数据库，发展数字图书馆

特色数据库指的是图书馆在网上提供的特殊馆藏，一般包括馆藏书目数据库、专业特色数据库、教学和科研成果数据库以及地方资源数据库等。数字图书馆是图书馆发展的必然趋势，它集信息储藏、加工、交互与传播于一体，将图书、期刊、声像资源和数据库等各类信息在知识单元上有机地链接起来。

3. 发展个性化的信息服务

个性化信息服务就是针对不同用户的需求提供各种专门的定题跟踪检索服务。这是一种关注用户个性需求的服务模式。个性化服务提倡平等地对待读者，不分厚薄、不论亲疏，让所有用户都能享有充分利用图书馆的权利，真正做到"以人为本"。个性化服务将对图书馆教育职能和信息服务职能向更高层次发展起到促进作用。

4. 培养新型的图书馆服务人才

人才是图书馆事业发展的决定因素，图书馆员的素质对其发展进步起着决定性的作用。信息社会对图书馆的服务提出高水平、高质量的要求，也对图书馆员的知识结构提出新的更高的要求。在信息服务的工作过程中知识和技术含量加大，向智能化发展，图书馆人员在工作方式、工作价值、工作效率和工作成果诸方面将发生质的变化，所以要求图书馆员不仅要有丰富的图书馆学知识，还应熟练掌握计算机和网络技术。因此，加强专业人才的培养，提高人员队伍的综合素质就显得特别重要。要通过各种方式和途径对工作人员开展在职培训和继续教育，鼓励他们参加学术交流和学术研讨活动。要用战略的眼光从战略的高度看待图书馆人才队伍建设问题，努力培养一大批综合素质较高的复合型专门人才。

二、图书馆信息服务的演变和走向

（一）重新设计和组织图书馆服务

图书馆界对于技术变革和它们所引起的服务重组并不陌生，实际上，图书馆在应用信息技术上常常走在社会前面,例如联机检索、图书馆自动化等。当信息环境走向网络化数字化时,许多图书馆抓住机遇,对传统图书馆信息服务进行了有力的扩展,例如图书馆目录的网络检索、数字资源建设、数字参考咨询等。当然,许多应对措施更多的是将传统服务简单地拷贝到数字环境下,但也确有许多机构努力超越传统模式来拓展新的服务内容和形式。

重组传统服务。图书馆应对数字信息环境的一个流行措施是根据数字环境提供的能力重新构建图书馆资源和服务的组织与提供方式,例如:图书馆系统和门户的个性化。许多图书馆系统开始提供个性化图书馆界面(例如 My Library),根据用户选择来集成有关的资源和服务。许多图书馆已经按照不同的用户类别、专业类别,甚至根据具体或动态的主题或事件灵活地选择和组织资源来构成特定的专门图书馆,这些实际上是按照不同要求对图书馆内外的重组,数字信息服务的一个发展热点是数字化参考咨询,包括利用电子邮件、实时讨论软件、网络会议系统、客户呼叫系统等开展的咨询服务。图书馆已经基本把网络资源接受为自己可以组织和提供服务的资源,从而将这些资源的搜索、组织、检索作为资源建设的组成部分和"采访"工作流的有机环节。许多图书馆积极参加专门的主题信息网建设,另一些图书馆自行建立规范的网络资源导航系统,搜寻、选择、规范标引和不断校验的权威、可靠的网络信息资源。进一步的发展是将这些资源与图书馆目录、文摘索引数据库、全文数据、知识管理机制乃至一般网络搜索引擎链接起来,提供集成服务。

拓展服务内容。当图书馆被网络化数字化技术武装起来后,许多图书馆开始采取更为开放和主动的方式来应对信息环境的变化,努力在传统图书馆服务之外拓展新的信息服务内容和形式,例如:网络学习中心(Networked Learning Centers)、社区信息枢纽(Community Information Hubs)、信息结构建设(Information Architecture)、信息素质教育。

构造基于用户的信息服务机制。前面指出,数字信息环境表现为以用户为中心、用户驱动和围绕用户信息的过程,因此,不少图书馆和其他信息机构开始探索如何构建基于用户的信息服务机制。尽管这些努力还不十分普遍,但它已体现了强大的吸引力和竞争力。例如:许多图书馆开始提供用户推荐资源、用户评述资源、用户批注、用户讨论组等功能。数字图书馆在提供上万种全文图书的检索和阅读的同时,还支持读者在图书中个性化的批注、书签、章节重组、讨论、写作和协作,从而使内容对象不再是固定的数据集合,而成为个性化、主观化、动态、交互和可扩展的信息工具。NSDL项目将支持用户动态调用各种合作学习系统、远程实验室、虚拟实验室来协作地检索、集成、处理信息并进行学习。

(二) 图书馆信息服务的演变特征: 知识服务

注重知识服务。现代图书馆应具有雄厚的文献资源、较高的文献保存率、不断发展的现代化网络、多层次的人才以及得天独厚的自身优势和地理环境优势,使之较其他行业更具有开展知识服务的优势。随着科学技术的不断发展,图书馆具有的知识传播服务功能也在不断增强,将成为社会的信息枢纽和因特网的重要组成部分。在信息开发上,它将注重信息资源的深加工和精处理,形成信息产品,通过信息咨询、产品展示等活动,推动科技成果走向市场,并转化为现实生产力;在信息服务上,它将突破时空界限,为社会提供多功能、全方位的服务,实现信息服务社会化;在信息技术应用上,它将引用和使用未来社会信息技术领域内的一切新发明、新技术,使信息的传输容量、速度和联网规模空前扩大,真正实现全社会的信息资源共享。

知识服务内容广泛、形式多样。由于网络环境的影响,图书馆的用户不再受时空、地域限制。用户地理分布更加广泛,数量不断增加,类型结构更加复杂,用户的信息需求呈多元化趋势。因此,图书馆除提供一般文献的初级信息外,更要提供以解决问题、形成方案为目的的注重内容的、针对性极强的深层服务。知识服务内容除提供专业知识外,还要提供用于完善知识结构、提高文化素养与生活品位和质量的综合性知识。知识产品形式多种多样,除传统的印刷型文献和大量的实物信息外,还有那些直观、生动、易于理解和接受的图文并茂的多媒体形式的知识。

个性化知识服务成为发展趋势。网络的形成一方面极大地推动了社会信息化的发展进程,使得知识更新周期大幅缩短,社会知识总量急剧增加;另一方面,也使信息领域出现大量"无效信息""垃圾信息"。在这些大量、无序的信息面前,用户迫切需要图书馆能为他们提供个性化的信息平台服务,以便及时准确地获得最佳信息。传统图书馆信息服务中的定题服务就是一种典型的早期个性化信息服务方式,只是受当时条件与环境的限制,无法提供大量高质量的信息。因此,图书馆要利用自身优势,对馆藏资源和网络资源进行深层次开发，去伪存真，对信息进行分析、综合、整序，以新的、序列化的知识单元提供给用户，满足用户多方位的需求。

以网络为平台开展知识服务。网络化的信息环境使信息用户可通过直接上网来满足自身基本的、简单的信息需求，而图书馆等信息专业机构和人员的职责是提供综合、复杂、有序的信息，使用户获取有深度的知识内容。图书馆知识服务要重视用户需求的提高，从根本上转变传统的参考咨询工作的习惯，而更多地面向具体内容和直接的知识获取。同时，要发挥自己的资源优势，借助有关的网络技术和工具，如 OCLC 之 First Search 那样的集信息、检索、提供于一体的功能强大的信息服务系统，开展富有成效的服务。

（三）未来图书馆信息服务的走向

集成化是未来图书馆信息服务的主要模式。在网络环境下，集成化信息服务必定成为未来图书馆信息服务的主要模式。它是建立在信息资源集成、用户需求变化及信息技术发展三位一体基础上的服务方式。网络使图书馆集各类资源于一身，信息载体从单纯的纸质发展为与磁带、磁盘、光盘、镜像并存。集成信息服务表现为以图书馆信息资源共享的广泛集成为中心，以计算机、通信、网络和多媒体技术集成到图书馆信息服务当中为条件。图书馆通过 HIML、XML 和 PHP、JSP 等动态 Web 技术、因特网和开放 IP 地址，将全球的 Web 数据库、学术期刊、商务信息等数字化资源集成到图书馆主页供用户使用；利用智能检索、远程提交、下载、BBS 和 Web Form 等为用户提供新型信息服务。

个性化是未来图书馆信息服务的归宿。如何高效全面获取所需信息，提高主动信息服务能力，满足用户个性需求，是图书馆信息服务急待解决的问题。于是，个性化信息服务应运而生，它是一种"以用户为中心"，培养个性、引导需求的服务模式，尊重用户是其根本，用户满意是其出发点，主动服务是其基本模式，双向沟通是其成功要素。它完全符合图书馆"用户至上"的服务理念。它通过研究用户行为和习惯，与用户进行零距离双向交流、互动，设计出用户期望的个性化信息服务模型，主动提供满足用户的特色服务，从而实现用户当前、长远、潜在的信息需求。网络环境下，个性化信息服务系统可根据用户兴趣在网上搜索并存储，建立面向用户的"个性化数字信息库"（含实体数据库或网上资源指引库），使用户能直接或间接获取所需信息。当前，图书馆开展个性化信息服务较成熟的技术支撑有定制 Web 页面、Web 数据库技术、信息推送技术、网页动态生成技术等。随着未来图书馆信息服务工作的深入和信息技术的发展，信息过滤技术、智能推拉技术、智能代理技术将进一步完善。智能 Agent 技术能以完全不同的方式提供智能化信息获取和处理手段，满足用户特定需求，成为个性化信息服务的关键技术。

社区化是未来图书馆信息服务的必然趋势。社区化是未来图书馆信息服务发展的必然趋势，也是图书馆员追求的目标。关键是我们如何利用先进技术扩大服务、赢得用户并充分发挥图书馆作用。事实上，图书馆的信息人才、资源、技术较其他信息机构更具优势，完全可凭已建立的网络和信息资源保障体系，挖掘潜力，服务于社会，服务于社区。随着社会信息化程度不断提高，与城市生活息息相关的全方位信息需求日益增多。西方信息服务机构对此积极回应，使社区信息服务迅速发展。从内容和适应范围分析，图书馆信息服务要满足社区对"社会文化信息、实用性信息、特殊用户信息"的需求。社区信息需求说到底是对服务的需求，图书馆作为社会文化机构，责无旁贷地要以服务公众为己任，在社会信息化的今天更应如此。

分布式协作是未来图书馆信息服务的必经之路。在信息网络时代，由于图书馆资源和需求不断变化，各学科、地域、语言、文化复杂多样，要全方位、多角度、深层次满足用户的信息需求或咨询必须依靠各馆分工协作。现代信息技术为信息服务的分布式协作提供了方便，充分利用新信息技术建立分析式协作信息服务（尤其是咨询服务多）系统势在必行。国外许多国家已经或正在建立协作数字咨询服务（CDRS）（我国也有图书馆加入外国的 CDRS）。

营销理念是未来图书馆信息服务发展的内驱力。图书馆作为信息集散地，与其他信息服务企业一样受经济规律制约，必须遵循同样的经营思想。营销的核心思想——"满足顾客需求"符合图书馆用户中心原则。图书馆坚持营销理念，必须实行"让用户成功"战略。它有利于塑造图书馆新形象，促进用户对信息服务的归属感。"让用户成功"是开放、不断发展的信息服务方式，其宗旨是以提高用户成功率为根本目标。当然，图书馆的营销应将服务战略作为核心营销战略，经营中要融入更多的服务，以增加对用户的附加值，"全面质量管理"就是这种思想的集中体现。产品质量是服务质量的基本点，是服务价值的必然保证。信息服务有必要强化能力营销的地位，包括专业能力、创造能力、给用户充分信任能力的营销等，这样才能重建服务优势。信息服务还应把内部营销作为基本营销策略，因为，服务效益的基础是内部员工需求的满足，只有员工需求满足了，才能有用户需求满足的可能、才会产生高效益。

创新性是未来信息服务再发展和生存的灵魂。在未来信息环境下，图书馆应抓住网络发展契机，大力倡导创新精神，形成创新共识和开创信息服务新局面的动力。总之，创新是未来图书馆信息服务再发展的灵魂。网络使信息实现分布式存取，用户可不受时空限制地利用全球信息资源。因此，对信息资源直接占有的重要性相对减弱，而获取利用信息的能力益发重要。为此，图书馆服务应坚持"以用户为中心"原则，把工作重点放在对现实资源和虚拟资源的组织、整理、深加工和有效传播和利用上。同时，根据网络环境下信息服务的新特点，随时进行调整和创新，使创新理念贯穿图书馆信息服务的始终，包括信息服务的管理创新、技术创新、人才创新、方式创新，等等。

第四节 图书馆信息服务模式

网络技术的快速发展和普及，已经成为现代社会、经济、科技、文化发展中的重要组成部分，并深入人们的日常生活中。一个数字化网络化的信息环境正在逐步形成，这必将推动社会文明的发展进程。

图书馆信息服务是图书馆根据用户的需求，收集各种相关信息，并对信息中包含的知识内容进行整序、分析、综合处理后，以一定的手段和方式提供给用户，以满足用户信息需求的一种活动信息服务水平是现代图书馆工作质量的重要标志。因特网的普及给图书馆信息服务带来了新的竞争压力，必然带来图书馆信息服务模式的变革和创新。

一、图书馆信息服务流程

图书馆信息服务流程如图 4 所示。

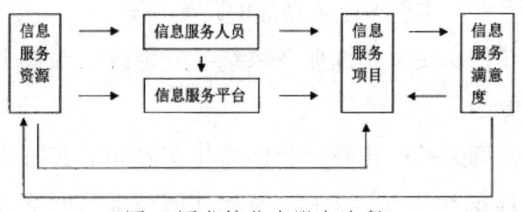

图 4 图书馆信息服务流程

信息服务资源包括各种硬件设施、场馆礼堂、各类数据库以及馆藏纸质文献等，信息服务人员一方面可通过人力将信息服务资源加工成信息服务项目，例如信息素养教育、阅读推广、信息检索等，将信息服务项目传递给用户；另一方面可通过信息服务平台，包括门户网站、移动新媒体、移动 APP、读者线上交流群等途径将信息服务资源加工成信息服务项目，再将成品传递给用户。再次，信息服务平台也可直接将信息服务资源的内容通过计算机系统自动加工成用户需求的服务，例如个性化服务等，用户在接受了信息服务项目之后，产生反馈意见（即信息服务满意度）。图书馆信息服务指标体系是由信息服务资源、信息服务人员、信息服务平台、信息服务项目和信息服务满意度这五个部分构成。

二、图书馆信息服务模式类型

图书馆的信息服务体系是一个网络化的服务平台，以有效整合的资源为基础，以满足用户需求为目的，以先进的技术手段为支撑，其基本服务包括信息检索服务、参考咨询服务、个性化推送服务、信息定制服务、教育培训，等等。

（一）信息服务平台的构成

服务平台具有交互性、实时性、开放性、公益性的特点，由多个功能完善、反应迅速的系统构成，为用户提供及时有效的服务。

①统一资源管理系统：实现采购、编目、流通及管理的一体化。

②统一数字化加工系统：使数据库建设的数字加工实现统一规范标准，并逐步完成特色数据库建设。

③统一数据库检索系统：联合订购异构检索平台，采用基于元数据的检索技术，对本地和异地的各种异构数据库和网络资源进行整合，提供统一的检索界面和检索语言，实现多个数据库的跨库检索。

④统一馆际互借/文献传递服务系统：采用统一服务平台和标准，实现馆际互借及文献传递。

⑤统一参考咨询系统：构建一个网络化实时和非实时先进交互技术为一体的分布式联合虚拟参考咨询平台。提供实时或非实时交互式咨询，对用户提出的各种问题快速反应给予解答；对咨询问题及结果自动分类建立咨询档案，并针对用户需求设置定制服务，以便连续、定期提供服务结果。

⑥统一联合编目系统：以联合目录数据库为基础，实现广域网的联机共享编目和书目数据下载，提高书目数据库建设效率。

（二）信息服务模式的特点

网络化的服务之所以能够超出时间、空间和地域的限制，主要是网络资源及网络通信技术带来的巨大变革，其服务模式的特点是：

①信息服务全天候。在信息服务机构的服务器 24 小时运行的条件下，用户即可在网络环境中自行实现本地图书馆资源和网络信息资源的查询及索取。

②信息服务虚拟化。建立学科导航和网络资源链接，将远程网络资源设为本馆资源的一个节点，使信息资源不单局限于图书馆馆藏，而是置身于整个网络资源总和之中。

③信息服务远程化。网络资源、技术、服务三者相结合即可实现信息服务的远程化，使用户足不出户就能查到所需资料。

（三）信息服务模式类型

信息用户、服务人员、服务内容和服务策略与方式四个要素是信息服务的主要组成部分，它们彼此的关系程度和作用方式都有所不同。这些要素及其相互关系是区别不同信息服务模式的主要依据。按照不同的划分标准，图书馆的信息服务模式表现为不同的服务模式类型。

1. 按信息服务各要素所起作用划分

按信息服务各要素所起作用不同可将图书馆的信息服务模式划分为：

（1）"内容中心"服务模式

这是一种面向信息资源，并以信息服务产品为中心的信息服务工作模式。信息服务人员通过对信息资源加工形成信息产品，并以某种策略与方式提供给信息用户。这种模式突出服务资源、信息产品的地位，过于强调客体的重要性，但忽略了服务人员、信息用户等主体因素的主观能动作用，不利于服务工作效率的提高，在大数据背景下，随着图书馆信息环境的变化与发展，此模式已经显得缺乏生机与活力。

（2）"馆员中心"服务模式

这是一种以信息服务人员为中心的信息服务工作模式。信息服务人员是信息服务工作的重心，一切工作以是否有利于信息服务人员开展服务工作为目的，而很少考虑信息用户的主动参与能力和服务内容对用户的满足程度，用户始终处于被动接受的地位，没有或者很少有机会参与到信息内容的选择、加工、传递过程中来，只能被动接收服务人员给他们提供的服务内容，他们的信息需求在服务过程中得不到充分反映，因而也就很难得到自己真正需要的信息内容。

（3）"用户中心"服务模式

这是一种信息服务工作一切从信息用户出发，以信息用户的信息需求的满足与问题解决为目标的信息服务工作模式。信息服务工作从信息用户出发，用户处于中心地位，根据信息用户的信息需求与解决问题的信息活动的需要，生产用户需要的信息知识产品，以某种策略与方式提供给用户，用户问题在这个服务活动中得到彻底解决。这一模式以信息用户对信息需求与问题解决为目标，充分体现了信息用户在信息服务活动中主观能动与参与作用，克服了"内容中心"与"馆员中心"模式的不足。"用户中心"服务模式是当今与未来图书馆信息服务的发展方向与主流模式。

2. 按照信息服务人员与信息用户间关系划分

按照信息服务人员与信息用户间关系可将图书馆的信息服务模式划分为：

（1）被动服务模式

这种模式是指图书馆服务人员被动地根据事先确定的用户要求组织、积累信息资源并为其提供特定信息产品与服务的信息服务工作模式。它以图书馆为大本营，要求读者必须到图书馆才能获得服务，但读者到馆又会受开馆时间的限制，所以这种模式是受到时空约束的被动式服务模式。它严重束缚了工作人员的思想意识，形成了顽固被动的服务观念。图5表示的是被动式信息服务流程，在图书馆信息服务的时候，由管理员对信息进行加工和合成，最后形成信息产品供用户使用，从这个图就能看出来，用户永远处于一种被动状态。

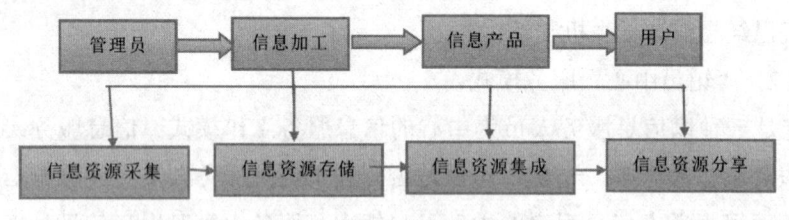

图5 被动式信息服务流程

（2）主动服务模式

这种模式是指图书馆服务人员根据自身的任务、目的或用户信息需求分析结果，主动组织信息资源、开发信息产品并将其传递给信息用户的信息服务工作模式。用户可以快捷地获得自己需要的信息，从而减少用户上网搜索信息的时间，提高信息获取效率。图6表示图书馆主动式信息服务。

图 6 主动式信息服务流程

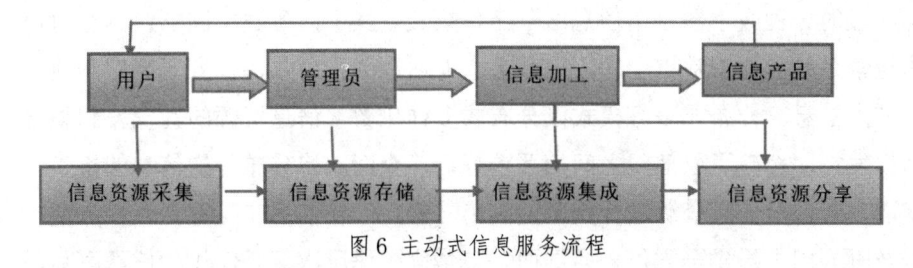

（3）互动服务模式

这种模式是指服务人员和用户共同参与信息产品生产、传递和利用的全过程，互动、沟通完成信息服务目标的工作模式。在这一模式中，图书馆服务人员根据自身的任务、目的或用户信息需求分析结果，主动组织信息资源、开发信息产品并将其传递给信息用户，信息用户也主动向信息机构表达自己的需求并参与到服务人员的信息组织、产品开发与服务活动中。在大数据时代，这种互动的模式有利于发挥图书馆员与用户双方的知识和专业优势，实现最佳的服务效益。

（4）自助服务模式

这种服务模式是信息用户借助数字图书馆及其馆员的帮助，利用计算机、网络等现代化的手段，利用图书馆各种资源，收集、鉴别、提炼、传递与利用文献信息，满足自身信息需要和解决问题的一种自我参与的信息服务模式。用户的一切信息利用活动和问题都是在服务人员搭建的智能化数字图书馆信息服务系统平台上自助进行。该模式突出了用户的主体地位，实现了用户的主动性强、参与程度高，服务策略和服务内容针对性强的状态，有利于开发与利用馆藏资源，实现资源共享。服务人员主要以图书馆信息资源管理与服务平台的建设与维护为任务，不直接参与用户的信息活动过程，仅给用户提供解决问题的工具、策略、方法。

3. 从信息服务的技术角度划分

从信息服务的技术角度可将图书馆的信息服务模式划分为：

（1）分布式服务模式

这种服务模式是在分布式的网络信息环境中利用现代化通信技术手段支持工作，以区域性数字图书馆或数字信息资源中心为资源收藏和服务单位，实现各数字图书馆之间，馆员之间，用户与馆员、专家、用户之间的实时信息交互的一种数字图书馆信息服务工作模式。其中，各数字图书馆具有自己的检索系统和知识数据仓库，且其节点能通过某种公共协作方式感知其他成员节点信息。分布式服务模式以分布式多样化数字信息资源的互操作和整合为出发点，打破了原部门之间的严重分离，全面支持分布异构信息的检索与获取，强调对信息资源进行规范的利用与管理，使信息交互变得直接方便，能及时为用户提供全方位、多层面、多角度、深层次、个性化的信息产品与服务，从而为各图书馆提供广阔的发展空间，更有利于为共建共享数字资源体系的实现。但分布模式也给数字图书馆间带来了信息传递事务难、利益如何平衡及用户管理等问题。

(2) 集成式服务模式

这种服务模式是指在信息资源集成基础上，综合利用现代信息技术对图书馆信息技术和人力资源进行融合的过程，从而为用户提供综合集成的信息服务模式。它是分布式服务模式的改良版。它以信息服务内容与产品的集成为目标，以功能的集成作为结构，以平台的集成作为技术基础，以人的集成作为根本保证，最终形成统一的检索平台、一次性用户认证、不同系统之间的无缝链接和完整的集成化图书馆信息服务综合平台体系。集成服务优点是面向用户、面向任务，有明确的目标或主题，可以节约用户的时间，为用户提供快节奏的服务。

三、图书馆服务模式的变化

在知识经济成为社会经济的主流，社会经济结构开始发生变化的时候，社会生产和人们工作、生活对知识的需求越来越强烈。同时，随着计算机技术、多媒体技术和网络技术的广泛应用，使传统图书馆的服务模式不断受到冲击，新的服务模式不断涌现。图书馆从整体上开始由劳动密集型向知识密集型转变，服务模式从满足书刊等原始文献需求为主，转变到以满足知识信息需求为主和以知识开发服务为主的新模式。其主要表现在以下几方面：

1. 由被动型服务向主动型服务的转变

面对社会信息的需求，图书馆信息服务将慢慢从被动型服务转变成主动型服务。所谓主动型信息服务就是图书馆主动的满足用户的信息需求，以用户为中心来提供信息服务。它的特点之一就是主动地为用户提供个性化的信息服务。用户对信息服务的满意度取决于是否能够准确及时地获取到自己想要的信息。图书馆采用主动式信息服务模式，可以提高用户的满意度和吸引更多的用户到图书馆。

2. 由封闭型服务向开放型服务的转变

在信息高速发展的今天，封闭型服务模式已经不能适应社会的发展了，想要改变这种现状就得改变旧观念，提出新的信息管理方式，抛弃封闭型服务模式建立开放型服务模式。开放型的服务模式冲破了密闭型服务模式的围墙和时空限制，在信息的采集、加工、组织和服务等方面，充分利用信息技术和网络环境进行技术革新和服务创新，构建开放的服务系统，以读者最容易接受的方式呈现信息，以最快捷的方式传递信息，以最符合人的思维规律和思维习惯的方式处理信息。让读者成为图书馆的主人，让他们自由查阅资料、选取图书，对图书阅读充满了积极性。

3. 由柜台式服务模式向自助式服务模式的转变

随着信息技术的日趋成熟，信息资源慢慢地也由印刷型向数字化转变。受计算机技术、网络技术、多媒体技术和高存储技术的影响，图书馆的信息含有量、信息传播速度和信息处理能力都有了很大的提高。互联网技术的发展使得用户可以随时随地访问图书馆，使得用户不再受到时间和地点的限制。许多图书馆为了适应大数据时代的发展，引进了新的图书借阅管理系统，通过扫描身份证就可以在自助服务机上借阅图书，比在柜台借书方便了许多，通过这个系统读者可以随时地查询图书借阅动态，充分体现了信息服务的时效性。同时计算机技术、网络技术、多媒体技术和高存储技术等技术的利用将图书馆工作人员从重复性烦琐的工作中解放出来，而加入图书馆信息服务中去。

4. 由单一型服务向多元化服务方式转变

在图书馆的转型过程中，其服务理念不断强化，图书馆的信息服务向多元化发展。图书馆已经不仅仅是为读者提供想要的相关信息，还能为客户提供各种专项咨询服务，满足不同人群的信息需求。图书馆从单一型服务转向多元化服务的具体表现形式是丰富多彩的，具体来说，主要有移动通信、数字电视、互联网等，甚至包括更先进的一些设施，如近些年被炒得火热的云技术等。面向不同层次用户，不同需求，提供分门别类的多样化服务，信息定制服务、信息推送服务、特色数据库服务，等等，各种个性化服务层出不穷，既能够完善图书馆的服务类型，也能够更好地为广大读者和研究人员服务。针对型服务随着信息时代的到来，图书馆主动迎接挑战，直接面对社会需求，提供有针对性、有特色的服务，不断提高读者满意率和社会公认度。有的图书馆为政府决策服务，定期向政府机关提供城市建设、环境保护和市场发展等宏观决策性信息；有的图书馆主动与企业建立联系，提供信息咨询服务；还有的图书馆针对特定的读者群提供专项信息服务。

四、图书馆信息服务变革和创新

（一）建立书目利用协作体

书目信息是图书馆信息工作的重要组成部分，其质量的好坏直接关系到图书馆整体功能的发挥，是读者服务工作的重要手段之一。建立集中型书目利用协作体，通过一个统一的平台，不仅是改变目前图书馆的馆藏目录数据库分散和外部利用困难状况的有效途径之一，也是实现信息资源共建共享的重要举措。

1. 图书馆书目信息服务存在的主要问题

目前，国内的联合书目建设起步较晚，而且覆盖率不高，重复建设和条块分割现象仍很严重，而且建成的联合书目检索系统数据库的数据更新较慢，不能很好地反映各馆馆藏状况的变化，归纳起来，图书馆书目信息服务主要存在以下问题。

由于地区之间、行业之间、部门之间在资金支持、技术水平等存在着较大差异，致使书目信息服务发展不平衡。

由于书目信息服务部门选用的计算机系统在性能上的差异，使得图书馆自动化系统在功能上大多满足不了图书馆服务的要求和实践进展。

各图书馆的书目数据库容量大小不一，类型单一、品种不足，质量水平不高，缺乏相互间的协调和合作，使得书目数据相互重复，而且多是从本馆、本部门、本系统的需求出发，没有严格规范，也没有执行统一的技术标准，各种数据库软件的兼容性较差，转换相当困难，从而造成数据库的应用受到许多限制,给网络环境下的资源共享造成了极大的困难。

网上书目信息资源建设和服务水平差别较大。有的图书馆有独立网站,大多数高校图书馆的网页是挂在校园网上的,提供的服务内容较多,功能比较全面,如清华大学图书馆、北京大学图书馆、复旦大学图书馆等。有的只有本馆概况之类的介绍性页面,没有实质性的服务内容,许多网页的各个栏目还在建设中。

图书馆书目建设不完整,书目不能完全反映馆藏,存在手工与机读并用。

书目对文献信息揭示的深度不够,仅仅从整体上进行揭示,没有深入文献内部。

网上公共查询界面各不相同,各自为战,不能共享,使网上书目信息服务受到极大的限制。

2. 图书馆书目信息服务新模式——建立书目利用协作体

书目信息是图书馆信息工作的重要组成部分,是信息服务的重要手段和途径,建立书目利用协作体,提供一个统一的平台,是改变目前图书馆的馆藏目录数据库分散和外部利用困难状况的有效途径之一。联机书目检索系统不但能实现信息资源的共建共享,而且可以大大节省读者的机会成本、时间成本。目前国内的联合书目建设起步较晚,而且覆盖率不高,重复建设和条块分割现象仍很严重,而且建成的联合书目检索系统数据库的数据更新较慢,不能很好地反映各馆馆藏状况的变化,对于书目信息服务的组织,一是要规范服务内容,为本地或远程服务建立一个统一的服务模式。传统图书馆的服务模式以藏、借、阅、咨的分离为特征,一般图书馆对多种文献类型载体(图书、期刊、电子出版物)采取分别管理的体制,这种管理体制势必造成图书馆服务与用户需求之间在某种程度上的脱节,使对同一用户的服务被人为地分割开来,用户无法得到系统提供的完整服务。二要在全国加强电子信息的开发与宣传力度,三要实现知识信息服务基础建设与书目信息网络服务的同步发展,从而有效实现书目信息服务的社会化共享,通过建立我国的集中型书目利用协作体,可以形成一个书目信息的"超级市场"。互联网、局域网、联机检索、光盘检索和各种基于数字信息的系统早已纳入图书馆书目服务工作中,用户理所应当享受到这些新手段所提供的集成化的服务。

通过 OPAC 将网络版的书目数据库与电子全文数据库链接起来,发展成集成性的电子服务系统,用户通过同一界面同时使用书目数据库和电子期刊全文。

要加强电子信息的开发力度,同时加大宣传。图书馆要充分利用自身的有利条件,为用户提供高质量的服务,如通过网页介绍自己的资源特点、机构设置、馆藏文献书目数据库、联机信息检索服务、国内外数据库检索、网络导航、光盘检索、特色信息检索服务、网络教室、链接其他虚拟图书馆等,借助各图书馆网站的远程咨询服务功能,通过上网实现图书馆的整体协作,达到资源共享、发挥最大效益的目的。

要实现知识信息服务基础建设与书目信息网络服务的同步发展,从而有效实现书目信息服务的社会化共享,通过建立我国的集中型书目利用协作体,可以形成一个书目信息的"超级市场"。

(二)建立健全文献传送系统

文献传送系统是利用文献传递服务弥补各信息服务机构、图书馆馆藏文献不足,实现真正意义上的资源共享的有力保障,它把文献搜索、文献传递、参考咨询等多种功能集为一体,以海量的文献资源为基础,为用户提供切入目录和全文的深度检索,以及部分文献的全文试读。用户通过阅读文献的部分章节来判断自己对文献是否有需求,再通过文献传递来获取他们想要的文献资源,实现真正意义上的知识搜索。目前,国内不少高校图书馆已经开展为校内外用户提供本馆以外的原文文献复制和文献传递业务。部分图书馆馆际互借和文献传递服务已经全面实现系统管理,建立健全文献传递系统,实现互联互通,资源共享是图书馆信息服务的模式之一。

读秀知识库是全球最大的中文文献资源服务平台,含有众多图书馆无馆藏的图书资源。它利用文献传递服务弥补了馆藏文献资源的不足,实现了真正意义上的知识资源共享。它集文献搜索、试读、文献传递、参考咨询等多种功能为一体,以海量的数据库资源为基础,为用户提供切入目录和全文的深度检索,以及部分文献的全文试读,读者通过阅读文献的某个章节或通过文献传递来获取他们想要的文献资源,是一个真正意义上的知识搜索及文献服务平台。

(三)深层次开发信息资源,做好信息服务的核心工作

从用户需求出发,采取多种形式,通过多种渠道,积极主动地开展深层

次的信息服务是现代图书馆生存和发展的基础,也是提高图书馆社会效益和经济效益的重要手段。在信息社会中,各类信息网络和信息服务机构不断增多,图书馆以其丰富的资源、先进的技术设备和人才优势以及长期的服务经验优于其他的网络公司和信息机构。图书馆一方面应注意系统化知识信息整合、加工,如资源通报、查询检索服务、情报研究、咨询报告、二次文献开发、建立专题数据库等,同时,应利用图书馆丰富的信息资源优势和专业技术特色,开发预测性的信息产品,及时了解各个学科领域的最新研究成果、研究动态,从而预测学科的发展方向,帮助用户掌握科学发展的总体趋势和动态变化,还应主动与专业领域相关的政府机构、社会团体、企事业单位、科研单位建立联系,通过有偿服务,实现优势互补,在积极开展情报服务和信息服务的同时,不断提高自己知识生产的能力,使图书馆信息服务由低层次向高层次发展。

(四) 网络信息服务

在数字化、网络化快速发展的 21 世纪,图书馆大力发展网络信息服务将是大势所趋,也是图书馆信息服务的主要模式。从 20 世纪 90 年代初开始,互联网进入了全盛的发展时期,互联网的发展时至今日已不仅仅应用于军事、科教领域,它已变成一个巨大的商业贸易网、文化娱乐网、出版发行网、广告网和新闻网。互联网不但可以提供丰富的文字信息,而且还能提供生动的图形、图像、动画和音频、视频等多媒体信息,凭借着这些极其海量的信息资源,国际互联网堪称全球的信息超级市场。随着世界经济和科学技术水平的提高,网络信息传输日益朝着方便、安全、快捷和廉价的方向发展,而这正是信息用户所希望和要求的。因此,网络信息服务是现代图书馆信息服务的主要模式。

1. 网络信息服务概念

信息服务是一项新兴产业,根据其发展历史,可以划分为传统信息服务和现代信息服务。传统的信息服务包括图书资料、报纸杂志、新闻广播、电影电视、音像视听和印刷出版等;现代信息服务一般是指以计算机为核心所进行的信息处理服务和以数据库形式提供的信息服务。现代信息服务也可称为电子信息服务,包括电子数据处理、交换、查询、传输、数据库联机服务、信息系统集成服务等。

网络信息服务是现代信息服务的高级形式，它是现代信息服务机构通过国际互联网络所进行的一切与信息有关的服务活动的总称，其中包括传统信息服务在网络上的应用和拓展。主要是指在网络上从事的信息获取、存储、处理、传递及提供利用等服务工作。

网络信息服务主要是指在计算机网络即互联网上开展的信息服务。而且图书馆所要进行的网络信息服务，也主要是依托于计算机国际互联网。从网络信息资源开发利用的角度将网络信息服务界定为：针对用户的需求，以现代信息技术为手段，依托计算机通信网络，向用户提供原始信息以及经加工整理的有效信息、知识与智能的活动。

2. 图书馆网络信息服务类型

网络信息服务，是图书馆通过国际互联网络向用户提供各种各样的服务。是图书馆通过网络提供给用户的信息服务类型，换句话说，也是用户通过互联网所能使用的图书馆信息服务的类型。

WWW 服务即 World Wide Web, 简称 WWW 或 Web, 中文称万维网，它是世界范围的信息网络。图书馆 WWW 类型的信息服务目前主要的形式有检索查询（包括在线书目查询、期刊目次查询、文献检索、数据库检索、用户状况查询、国际联机检索、光盘检索等）、在线图书馆、网上教学、网络导航、交互信息、图书馆公告、图书馆人才招聘广告、网上问卷调查、读者留言、常见问题（FAQ）解答以及传统服务的 Web 形式（馆藏查询、预约、续借、新书通报和新书评价）和定题服务、参考咨询、原文传递等。

常见的图书馆 WWW 服务主要有：

（1）在线流通服务。OPAC 即在线公共查询目录，用户通过网络，可以在任何地方进行目录查询。

（2）文献传递服务。网络的出现向用户提供了一种快速、便捷、高效、廉价的现代通信手段。当用户需要索取文献信息时，只需向图书馆发一封电子邮件就可获得相应的服务。图书馆接收到电子请求后，将各种文献信息以数字形式通过网络传递给用户。网络信息传递不但可实现一对一通信，还可以进行一对多的传递。传递的内容不再局限于物理馆藏中所收藏的文献资料，也并不限于传统的馆际共享的文献资料，全球网络资源中的各类信息都将成为传递的内容。

(3)检索查询服务。随着人们信息素养的不断提高，信息检索技能有了很大的进步，但是网络信息资源纷繁复杂，信息流量巨大并且流速不断加快，这给人们查检信息带来了一定的困难。因而需要有经验的图书馆工作人员提供专门的检索服务。如为用户开展各类数据库系统的信息检索，通过本部门内部局域网为信息用户提供数据库检索服务等。

(4)在线图书馆服务。有许多图书馆已购买了电子书刊，另外互联网上也有许多免费的电子书刊供读者阅读。读者可以安坐家中享受图书馆或互联网带给自己的乐趣，领略到不同书刊的风采。

(5)网上教学服务。现代图书馆要想得到更大的发展，吸引更多的用户利用其网络信息资源，就必须开展各种形式的读者教育和培训，让读者了解、认识图书馆所能提供的各种信息服务，同时向用户介绍网络数据库、检索系统、检索工具的使用方法，检索网络信息资源的途径以及选择、评价网络信息资源的常用手段，以增强读者的信息意识，培养读者的信息素养。也可开设网上课堂，电子教程下载、在线讲座和热点问题讨论等网络化的培训服务。

(6)远程咨询服务。远程咨询将成为网络时代图书馆一项重要的服务内容。采用这种服务方式，工作人员可以与读者在网上互相交流，通过网络为读者提供咨询、信息反馈等。目前已有不少部门开始提供这项服务。如杭州图书馆开通的远程咨询服务，内容包括馆藏书目查询、文献参考咨询、古文献咨询及旅游、城建、科技等方面的信息服务，由馆内10位工作人员组成"版主"，用户只需直接将问题发"帖子"给"版主"，24小时之内就可得到答复。

(7)网络导航服务。由专门机构利用网上现有搜索引擎，把与某一主题相关的站点进行集中，然后把这些资源分布情况提供给读者，指引读者检索。按照这种思想建立起来的信息服务系统就是专业信息资源导航库或指引库。专业信息资源导航库或指引库是较深层次地对网络资源搜索并有序化组织的信息产品。

(8)FTP 服务。FTP(File Transfer Protocol 文件传输协议)是互联网上使用非常广泛的一种通信协议。它是由支持互联网文件传输的各种规则所组成的集合，这些规则使互联网用户可以把文件从一个主机复制到另一个主机上，因而为用户提供了极大的方便和收益。FTP 和其他互联网服务一样，也是采用客户机服务器方式。在互联网成千上万的FTP 主机中存储着无以计数的文件，这些文件包含了各种各样的信息、数据和软件。人们只要知道特定信息资源的主机地址，就可以用匿名登录获取所需的信息资料。图书馆在网络信息服务中开通FTP服务，是方便读者也方便自己管理的很好类型。图书馆的FTP系统可以要求用户将E-mail地址作为口令，这样便能更好地对访问进行跟踪。FTP主机可以只允许远程用户下载（download）文件，而不允许上载（upload）文件。另外，FTP主机还可采用其他一些保护措施以保护自己。

（9）E-mail服务。E-mail(Electronic Mail，电子邮件）是互联网上另外一种重要的信息服务形式。它为世界各地的E-mail用户提供了一种极为快速、简单和经济的通信方法。与常规信函相比，E-mail非常迅速，而且E-mail使用非常方便，即写即发。与电话相比，E-mail的使用是非常方便的，传输几乎是免费的。正因为如此，互联网上数以亿计的用户都有自己的E-mail地址，E-mail成为目前利用率最高互联网应用。

（10）网络论坛。网络论坛是一种最丰富、最自由、最具开放性的网络信息资源。它是互联网上最受欢迎的信息交流形式，主要包括新闻组、电子论坛、电子公告、专题讨论组等。

第三章 数字图书馆概述

第一节 数字图书馆的概念

一、数字图书馆的产生背景

数字化、云计算、移动互联网等发展，对人们的生产和生活产生了很大的影响，也使得信息技术带来了社会各个领域的变革发展，需要存储和传播的信息量越来越大，信息的种类和形式越来越丰富，人们获取信息的方式更加便捷，传统的图书馆已经无法满足实际发展的需要，将原有的图书馆信息资源转化为数字化的图书馆建设十分必要。知识分类和精准检索技术的有效结合，数字图书馆在传统图书馆资源组织的模式下，结合数字化技术应运而生。

数字图书馆是传统图书馆在信息时代的发展，它不但包含了传统图书馆的功能，向社会公众提供相应的服务，还融合了其他信息资源的一些功能，提供综合的公共信息访问服务。数字图书馆是一个电子化信息的仓储，能够存储大量各种形式的信息，用户可以通过网络方便地访问它，以获得这些信息，并且其信息存储和用户访问不受地域限制。可以这样说，数字图书馆将成为未来社会的公共信息中心和枢纽。

现今公认的最早关于数字图书馆的描述是范内瓦·布什（Vannevar Bush）于1945年7月在《大西洋月刊》所发表的《诚如所思》（"As We May Think"）中提到的Memex。文中通过对Memex的功能性描述，反映了20世纪50年代人类对于数字图书馆的理想设计。

从今天的角度来看，Memex显得有些原始，并且从某些方面来看，还有些不尽合理之处，而且甚至不是一个数字化的系统——它是基于微缩胶片的，信息根本没有数字化。但是它所提出的数据压缩、信息加工保存、快速检索、屏幕与键盘结合的操作形态等,对于日后的计算机及数字图书馆的发展都起到了重要的指导作用,因此被认为是数字图书馆的最早理论描述。

至于数字图书馆(Digital Library)一词的出现,则要推迟到Memex提出的40多年之后。现在较为认可的关于Digital Library最早的书面材料是罗伯特·卡恩(Robert E. Kahn)和温顿·瑟夫(Vinton G. Cerf)在1988年3月发表于The Digital Library Project期刊上的"*Volume I: The World of Knowbots:An Open Architecture for a Digital Library System and a Plan for Its Development*"。作者在文中对数字图书馆的技术架构、应用和实施都作了详细的论述,是现代数字图书馆理论研究的最早的文献之一。

二、数字图书馆的概念

由于各自出发点不同,有侧重于基础理论和技术研究的,有侧重于应用方面研究的,而且数字图书馆又处于不断变化发展的过程,对其概念和外延的把握更不容易了。因此,目前国内外对于什么是数字图书馆尚未形成一个统一的看法。数字图书馆这一课题实际上是一个与信息技术密切相关的跨学科、多层次的新兴领域。所以,图书馆学界、计算机科学界、国际标准化组织及国际组织等都对此有各自的定义。笔者通过梳理,大致将数字图书馆有关的定义分为组织机构定义和学者个人定义,以下列举几种较为典型的说法。

(一)组织机构定义

数字图书馆(Digital Library)的概念首次是由美国密歇根大学研究员在1990年提出,并将其定义为:数字图书馆是若干联合机构(federated structure)的总称,它使人们能够智能地(intellectually)和实实在在地(physically)存取全球网络上以多媒体数字化格式存在的、为数巨大的且仍不断增多的信息。1995年,美国联邦信息基础设施技术与应用项目(Information Infrastructure Technology and Applications,简称IITA)数字图书馆专题讨论会提出的定义是:将数字图书馆看作向用户提供便于查找利用庞大的信息系统和知识存储的手段系统,其特点是没有预知的关于信息使用的详情,用户需要进入这个存储库,重新组织和使用,而这种能力会随着数字技术能力的增强而增强。美国联邦信息与应用项目在1995年将数字图书馆重新定义为:数字图书馆就是向用户群体提供的便于查找、利用庞大的,经过组织的信息和知识存储手段的系统。数字图书馆的定义得到进一步的扩充是在1997年3月美国国家科学基金会（NSF）主办的桑塔菲分布知识工作环境计划研讨会；它的定义更强调的数字图书馆是一种将获取信息、服务和人结合起来，用来支持数据，信息和知识的采集、组织、存储、发布、利用及创新的环境，而不是仅仅指数字化的收益和信息管理工具两者之间的对应词。

中国国家图书馆（National Library of China）将数字图书馆定义为是为国家信息基础设施提供关键性信息管理技术的组织，同时提供其主要的信息库和资源库，并认为数字图书馆是国家信息基础设施的核心。

（二）学者个人定义

除了一些机构对数字图书馆的定义外还有一些学者也对数字图书馆有自己的定义，其中有代表性的是William Y. Arms——《D-Lib》杂志的创办人，他在2000年把数字图书馆非正式地定义为有组织的信息馆藏及相关服务，信息以数字化形式保存，并通过网络进行访问。

俄罗斯学者主要侧重于对数字图书馆与传统图书馆自动化比较的研究上。认为虽然两者在自动化上有许多共同点，实则有很多不同之处。他们认为数字图书馆是一个分布式信息系统，并能有效地利用和保存各种电子文献，被保存的这些电子文献可以通过全球网络传输以便最终用户便利地获取和使用。索科洛娃和利雅别夫将数字图书馆定义为：数字图书馆能够利用和保存各种各样的电子文献，用户通过网络对这些电子文献进行浏览，下载和传播的分布式信息系统。俄罗斯科学院社会科学研究所副所长格鲁霍夫就"电子图书馆""虚拟图书馆"和"数字图书馆"之间的关系来定义数字图书馆；电子图书馆是对大量的信息资源进行整合为用户提供所需的信息资源的大规模综合体；他认为数字图书馆可以代替电子图书馆和虚拟图书馆，因为虚拟指的是网络信息资源，而电子既包括网络信息资源又包括现实馆藏；数字化比电子化更具有影响意义和时代意义。

日本学者对数字图书馆的定义也各具特色。日本图书馆情报大学田佃孝称数字图书馆的资源不仅包括文本，还包括多媒体信息如图像、声音、动画等，通过各种技术将这些文本和多媒体信息用数字信号表示，并对这些数字信号采集、组织、传播、发布、流通等业务进行处理的图书馆。他对数字图书馆的定义强调的是"馆"的概念。与他是同校的学者杉本重雄认为：数字图书馆通过数字化方式对图书馆的信息资源进行收集、集成、存储，通过网络对这些信息加以利用，并不强调"馆"的概念。中央大学的齐藤孝的观念是数字图书馆是在像因特网这样的赛柏空间（cyberspace）展开的超文本的集合体。

中国关于数字图书馆的定义主要代表：

徐文博（中国数字图书馆工程领导组长）对数字图书馆的概念有两个定义：定义一，他认为：所谓的数字图书馆就是对有高度价值的图像、文本、语音、音响、影像、影视、软件和科学数据等所媒体信息进行收集，进行规范性的加工，进行高质量保存和管理，实施知识增值，并提供在广域网上高速横向跨库链接的电子存取服务，同时还包括知识产权、存取权限、数字安全管理等。它的特点是收藏数字化、操作电脑化、传递网络化、信息存储自由化、资源共享化和结构连接化。定义二：数字图书馆的准确定义应该是超大规模分布的，可以跨库检索的海量数字化信息资源。

中国科学院高文等人认为：数字图书馆是以电子方式存储海量的多媒体信息并能对这些信息资源进行高效的操作，如插入、删除、修改、检索、提供访问接口的信息保护等。天津理工学院图书馆的赵伟认为：数字图书馆一般来说是利用现代先进的数字化技术将图书馆馆藏符号信息（文字、图形等模拟信息）数字化，通过国际因特网上网服务，供用户随时随地的查询，是处在不同地理位置的用户能够方便地利用大量的分散在不同存储处的信息。简而言之，数字图书馆是以数字形式存储和处理信息的图书馆。

综合以上不同国家、不同机构及个人专家学者对数字图书馆的定义，可以发现仁者见仁智者见智。至今关于数字图书馆的概念还没有一个统一概念，但是从中可以看到，所有列出有代表性的观点都不是相互孤立的，它们之间是有共性和联系的。如果要给数字图书馆一个综合性的定义，可以认为数字图书馆是传统图书馆的功能延伸，是未来图书馆的发展方向。它是利用先进数字化技术，对具有价值的文本、数据、图像、音频、软件等信息资源进行储存和处理，通过国际因特网上网服务，以便处于不同地理位置的用户方便快捷地使用。数字图书馆既是一种图书馆手段，也是一种学习方式，又是一种图书馆理念，同时还是一种图书馆服务组织形式，即数字图书馆是利用现代信息网络工具所特有的易于跨时空沟通、互动、共享信息的开放、平等的无中心网状环境来发展读者个性，从而实现以读者个体为本的理念的图书馆服务组织方式。

三、数字图书馆概念的理解

由于描述者角度、观点和方法的差异,上述数字图书馆的概念和定义也各有不同。有的倾向于将数字图书馆看作一个宏观的信息聚合和服务体,如PITAC的报告;有的倾向于将其看作一个具体的功能实体,如IFLA的定义;而有的则更加明确地将其界定为现有服务体的延伸,如国家图书馆关于数字图书馆的定义。

但是无论哪种描述,都明确地显示出数字图书馆绝不仅仅是传统图书馆的数字化,而是在新的时代、新的背景下,全新、信息化、数字化、网络化的知识管理和服务体系。不过,这种理念性的说明在现实中还是会遇到一些问题。

首先,现代的图书馆工程建设中往往包含了大量的信息化建设工作,因此在建设方案中往往将图书馆建设与数字图书馆建设并提,最典型的就是国家图书馆二期工程和数字图书馆工程的建设。这就使得普通读者时常难以区分两者的关系与差别,因而常常认为数字图书馆是图书馆的一个功能组成,或者干脆将图书馆建筑信息化和业务流程的自动化看作数字图书馆。

其次,由图书馆建设的数字图书馆工程往往既包括馆内环境建设,又包括数字资源服务,还包括馆内传统业务信息化改造等工作;而由网络信息服务商(如Google等)建设的数字图书馆项目通常只有数字资源服务,而不存在场地和场馆信息化问题。即使都是数字资源服务,图书馆自主建设的数字图书馆和网络信息服务商提供的数字资源服务在服务内容、方式上也往往存在相当的差异。而这些都很难直接利用上述的数字图书馆的定义来区分。

数字图书馆的建设和发展本身就是一个循序渐进、逐步实现的过程,对于它的理解和认识也必然是一个逐步变化和完善的过程,并与当时社会经济环境、技术条件和人类认识水平直接相关。因此,在这个过程中就会出现一些阶段性的相关定义,如自动化图书馆、数字化图书馆以及最新的云图书馆等。

四、与传统图书馆的差别

关于数字图书馆的理解,可以这样认为,即数字图书馆是以信息化思路为核心建设理念,以数字化服务为主要手段的网络信息服务体。它诞生于工业社会向信息社会转型的时期，并将在信息社会中承担重要的信息和知识服务功能。

首先，数字图书馆的服务内容，也就是信息本身以及信息服务必须是数字化的，而不仅仅是传统纸质书籍和借还书业务。这就意味着数字资源的收集和整理将是数字图书馆一切活动的前提。而基于传统介质的业务数字化改造，如RFID、自助借还书系统、网络订阅和催还等服务，虽然也是信息技术的应用成果，但它们都不属于数字图书馆的业务范围。

其次，数字图书馆的建设和服务理念必须是以信息化思路为先导的，而不是试图将现有图书馆业务通过数字化形式来展现。虽然数字图书馆起源于人们对图书馆传统业务的改造，是图书馆在数字环境下的一种再现，但是数字世界有其自身的规律和特点。人们建设数字图书馆就要严格遵循信息时代的规则，而不是因循守旧于传统业务。比如在数字服务中使用"册数"来约束并发用户数，虽然看起来是版权问题，但实质是传统业务理念和业务思维的制约所致，与信息化的思路格格不入。

再次，在工业社会向信息社会转型的过程中，数字图书馆也处在不断发展变化的状态中，并随着整个社会信息化的进步而进步。数字图书馆的建设离不开其所处的社会信息化背景，不可能超越这一时代环境，直接实现理论上理想的知识服务。这主要不是技术层面的问题，而是涉及整个社会经济生活与人们行为和思维习惯。

关于数字图书馆与传统图书馆的差异，还有一种更为简洁的观点，那就是"数字图书馆非图书馆"。根据这一观点，"数字图书馆"这一名称是由英文"Digital Library"直译而来，其本意强调的是"Library"作为"库"的概念，而不是"图书馆"，只是由于人们已经习惯于将其翻译为"数字图书馆"而沿用至今。"数字图书馆之所以被称为数字'图书馆'，更多的可能只是一种借用和比喻，象征它在存储知识、传播知识方面具有与传统图书馆类似的功能和作用，而并未确定其属于传统意义上的图书馆之列。"

这一观点与前述内容中关于数字图书馆的定位与认识在核心观点上并无本质差异，但是鉴于我国现阶段数字图书馆建设常常与传统图书馆高度结合的现状，我们并不刻意强调这种"馆"与"库"的名称差异，而更关注它们在具体发展和运行上的实际差异。

第二节 数字图书馆的特征及作用

一、数字图书馆的主要特征

数字图书馆的特征主要有信息资源数字化、存储空间虚拟化、信息组织网状化、信息传播网络化、信息资源共享化、信息检索智能化、信息服务个性化。

（一）信息资源数字化

数字化的海量信息资源是现代数学图书馆的显著特征。相对于传统图书馆多以纸媒为介质存储资源，例如书本，报刊等文献资料，数字化图书馆以数字化的方式来存储资源，可以存储视频、动画、音频、文字、软件等多种数字化的内容。这比传统图书馆所存储的资源内容形式更加多样化，内容更加丰富，可以充分满足不同阅读者或用户的需求。数字化的信息主要来自两个方面：一方面，来自对已有的馆藏信息资源的数字化，尤其是有地方特色、专业特色以及其他有长久保存价值的文献数字化和电子出版物，包括存储在光盘、机读数据库的电子期刊和电子图书两类。另一方面，来自用户上网产生的信息，包括浏览图书馆网站、检索图书馆的数据库等信息资源。随着计算机技术的发展，图书馆的数字化信息资源会越来越多。随着大数据、网络化时代的到来，先进的科技手段使得信息的发布和使用更加便利。因此，如何利用这些海量数据为用户提供多样化的服务成为数字图书馆建设的重要任务和挑战。

（二）存储空间虚拟化

传统图书馆主要存储的是印刷品信息资源，而现代化的数字图书馆主要存储数字资源，因此存储形式和存储容量与传统图书馆相比不可同日而语。从技术上讲，数字图书馆有别于传统图书馆，不需要大规模实体库存，而是需要大容量虚拟空间；图书管理人员以擅长信息搜集及传播的信息服务人员为主。数字图书馆的虚拟空间中可以保存各种媒体资料，如视频资料、数字图书、音频资料等，并提供强大的定向检索能力。

(三) 信息组织网状化

信息组织网状化是指信息在存储方式上的网状化，在数字图书馆中信息资源存储并不是在一个服务器上，而是分别存储在不同的服务器上。由于数字图书馆这种网状化的存储方式，要想找到满足用户的信息需求的信息资源，图书馆的馆员需要先对这些数字化信息进行加工、集成、存储、分析和解释。通过这种加工过程，将数据存储在相应的服务器上。当用户要查询这些信息的时候，可以利用数据挖掘技术找出存储在不同服务器上的数据之间的千丝万缕的关系，通过搜索引擎将这些信息反馈给用户，用户在根据自己的需求对反馈的结果进项处理。通过网状化信息组织，能够实现快速对信息资源进行定位。

(四) 信息传播网络化

传统图书馆，书籍传递多通过到馆借阅的方式进行传递。数字化图书馆由于其特定的资源存储特性，利用互联网就可以进行资源的传递，这种资源传递的方式是基于数字化图书馆本身的功能与技术特征实现的。数字图书馆的内部业务和对外服务都需要网络，其运转依附于数字通信网络。数字图书馆的数字化信息是通过网络来流通的，只有通过网络，数字图书馆才能实现用户不受时间、地域、空间的限制对数字图书馆进行访问。而通过网络化的传递能够充分提升传递的效率与速度，大幅提升数字化图书馆应用的便捷性。

(五) 信息资源共享化

传统图书馆，由于多以纸媒为介质存储资源，所以在信息资源共享的过程中无法实现互通互联。在联盟发展过程中也通常是实现了会员的共享或一卡多馆多用。在数字化图书馆的应用过程中，信息资源的共享化能够充分实现共享的便捷化，这种共享化的方式能够有效促进信息资源的流通与分享，通过资源的共享来更好地服务于读者。全球数字馆作为网上数字图书馆的虚拟联合体向全世界的公众开放突破了时空（包括过节和语言）的限制，表现出跨地域、跨国界资源共建的协作化与资源共享的快速化。目前，数字图书馆联盟的信息共享模式将会日益发展，突破原先的信息资源共享的壁垒，这有利于缩小不同国家质检或同一国家不同地区、不同人群之间的"数字鸿沟"。

(六) 信息检索智能化

信息检索是图书馆的重要服务内容，也是数字图书馆体现服务优势的重要领域。一个功能强大、高效的搜索引擎将是现代数字图书馆建设的标配。数字图书馆用户通过统一的用户界面输入检索式，通过智能化的搜索引擎，交互式智能化的多媒体检索工具等对数字图书馆系统的各种数据库和知识库进行查找，对匹配的信息资源进行去重，通过相关性的高低排序，用更加可视化的形式将检索结果反馈给用户。数字图书馆的高效率、界面友好、个性化的多媒体检索工具，让读者能在数字化图书馆系统中快速、自由地获取所需的特定信息资源。未来，数字图书馆检索将更加智能化，用户可以不断地与系统进行交互，最终获得确切的有价值资源，检索的结果可以有多种表示形式。

（七）信息服务个性化

新时代读者对图书馆的个性化服务越来越重视，现代化的图书馆所提供的服务应该是主动式、定制式、个性化的。数字图书馆目标是方便用户高度灵活地获取和使用自己所需要的信息。数字图书馆可以构建自身的数据挖掘与分析系统，对读者的年龄、性别、教育背景、兴趣爱好、知识结构、浏览习惯等信息挖掘，并提取读者的个性化需求，展开跟踪服务，有针对性及时推送读者急需的数字资源，为读者提供定制化的服务和个性化的信息服务。另外，数字图书馆还可以采取付费或免费的电子商务式的服务模式，使其具有与传统图书馆不同的组织结构。

基于以上几个特征，数字图书馆给读者提供很多便利，主要表现在：第一，数字图书馆不受时空限制，读者可以根据自己的需要随时随地来进行阅读活动；第二，数字图书馆每一本书都可以同时供很多读者阅读，不存在排队等候借阅和拒借等问题；第三，数字图书保存方式简单，不会受到物理性或者生物性的伤害，图书不存在被虫蛀或者破损等问题；第四，数字图书的呈现形式多种多样，除了最基本的文字表述之外，数字图书还有非常鲜活的图像。还有"懒人听书"等数字图书，可以避免长期直视电子屏幕对视力的伤害。此外，将书籍内容配上动画或者其他影视资源来辅助理解也是电子书的一大特征，比如将医学知识与动画相结合而形成视频，将历史影像资料与人物传记有机结合而形成新的电子书籍，等等。

二、数字图书馆的作用

信息技术、通信技术、网络技术等发展推动了数字图书馆建设的迅速发展，数字图书馆建设对一个组织、一个国家，甚至全世界影响重大。其作用具体可以概括为以下几点：

（一）数字图书馆是一个数字资源中心

传统图书馆向数字图书馆转化过程中，积累了大量的资源，为了能更好地保存资源、利用资源，资源的数字化是一种有效手段。经过十多年的发展变化，日积月累，数字图书馆拥有了海量的数字资源，此类资源包括卫星、遥感、地理、地质、测绘、气象、海洋等科学技术数据和人口、经济统计数据等。数字图书馆的建设很大程度上首先是一个数字资源中心的建设。数字图书馆的资源主要来源于早期的纸质资源数字化。近几年，随着网络技术的发展，电子出版物日益成为数字图书馆数字资源的主要来源。目前，互联网也是数字图书馆数字资源一个庞大的来源地，通过对网络资源的加工整理，有越来越多的资源可供数字图书馆使用。

数字图书馆首先是资源的数字化，只有充足的数字化资源，才能通过网络为广大用户提供优质的信息服务与知识服务。

（二）数字图书馆是一个教育平台

在现代社会工作生活环境下，人们需要进行终身学习。但限于时间原因，每个人重新走入大学学习是不太现实的。在网络化数字环境下，数字图书馆成为业余教育中心、在职教育中心，甚至趣味教育中心。人们在这里可以开展各种有益的学习与沟通，进行文化的、休闲的、娱乐的学习，能丰富人们的生活，促进人们素养的提高，为整个人类发展作出贡献。

（三）数字图书馆是传承文化的平台

图书馆承担着保存和传承人类文明的重要职责。在人类社会数千年的历史发展进程中，图书馆随着社会的发展而发展。在我国，图书馆的发展已有百年历史，改革开放后，我国形成相对完善的公共图书馆服务体系，为提升全民族素质、推动社会文明进步做出了重要贡献。

数字图书馆也是传承文化的平台，通过数字图书馆，各种文化在这里得以延伸，人们通过网络就可以更方便地了解和学习各国文化历史；它也为各民族、各国家文化的继承与发扬提供便捷的工具平台。这里所指的文化平台主要包括图书馆、博物馆、档案馆、大学、政府部门提供的各种文化资源。人们通过此平台可以便捷地获取有关历史文化知识，加深民族认同感。通过该平台可以向世界展示各自的经济文化各个方面的发展水平，为人类的文明进步和发展做出应有的贡献。

（四）数字图书馆是国家新信息基础设施的重要组成部分，成为国际高科技竞争中新的制高点

1. 数字图书馆将是21世纪全球文化科技竞争的焦点之一。这种竞争既是科学技术的竞争，也是文化和意识形态的竞争，更是知识经济时代的市场竞争。由于美国以信息产业带动经济高速发展已成为不争的事实，因此各主要发达国家及许多发展中国家也都纷纷制订自己的信息社会发展计划，以求在未来的竞争中立于不败之地。在网络时代，谁最先掌握了技术和资源库，谁就掌握了先机。

2. 数字图书馆工程不仅是高科技项目，也是跨部门、跨行业的大文化工程，必须由政府出面来统一规划、组织和协调，并在资金和政策方面给予支持和保障。例如在1995年美国政府蓝皮书中数字图书馆被认定为"国家级挑战"，置于国家信息基础设施的高度上通盘考虑。这种政策上的倾斜，引起了美国科学界、产业界的高度重视，也带动了各种基金会在资金上的投入。

3. 数字图书馆工程已经获得了可靠的技术保障和可观的效益前景。以美国为代表的数字图书馆的建立和运行，十分有效地获得了信息资源的增值效益，在资源建设和知识创新方面取得明显的进展。同时，这些国家也明确了数字图书馆的基本构造、技术手段和运行方式，开发了相关技术和设备，并取得了十分宝贵的工程经验。

4. 不仅首先要开发数字图书馆，还要在此基础上，陆续把其他国家级的文化信息资源单位，如图书馆、档案馆、博物馆、文化艺术、音像影视、新闻出版、旅游、体育等有关的文化信息资源的精华发展为数字式资源库，并用这些丰富的信息资源构成图书信息资源网，通过因特网向全球传播。

5. 建设中国数字图书馆工程，实际上也就是建设中文因特网。这对于我们继承和弘扬中华文化，力争在未来的全球性竞争中取得主动权具有重要的社会和经济意义。目前，已经有一些国家和地区在关注中文因特网的建设。

如果我们不牢牢抓住机遇，就势必要在中文信息方面失去主导地位，从而丧失巨大的社会和经济利益。

（五）数字图书馆是传统图书馆向现代化图书馆发展的必由之路

2011年，在贵阳的图书馆学年会上，国家图书馆馆长、中国图书馆学会名誉理事长周和平较好地诠释了数字图书馆发展的必由之路。他指出，自20世纪90年代以来，计算机技术、网络技术和信息处理技术迅猛发展，深刻地改变了人们的学习方式、工作方式、生活方式和思维方式。20世纪70年代，第一台个人计算机出现。此后，计算机性能不断提高，迅速普及。与此同时，互联网开始进入人们的生活。1994年，中国正式接入国际互联网，网络作为一种新的信息交流和通信工具，成为人们获取信息的重要来源。信息处理技术和多媒体技术飞速发展，并得到广泛应用，越来越多的文字、图片、声音、影像资料以数字形式出现，成为影响社会发展的重要力量。

越来越多的国家认识到信息对于提高国际竞争力，增强综合国力的重要性，相继提出了"信息高速公路"计划，建立信息网络，支持国家创新与经济社会发展，人类社会快步进入一个前所未有的信息化社会。在此背景下，数字图书馆作为网络环境下一种新的信息资源组织与服务形式应运而生。数字图书馆是网络环境和数字环境下图书馆新的发展形态，它利用现代信息技术，对海量、分布、异构的数字资源进行整合，形成有序的整体，通过各种媒体提供友好、高效的服务，使人们随时随地获取信息和知识。数字图书馆具有以下几个显著特点：海量的资源规模、有序的资源内容、基于多种媒体的服务、高度共享的平台。

正因为具有上述特点，数字图书馆作为图书馆发展的新形态，是图书馆在网络环境数字环境下的必然选择和必由之路，其迅猛发展为传统图书馆提供了新的发展机遇和广阔的发展空间，大幅提升了传统图书馆的服务能力，拓展了服务范围，丰富了服务手段，由此深刻地改变了人们的学习习惯和获取知识的方式，越来越受到世界各国的普遍关注和社会公众的广泛欢迎。

（六）数字图书馆能加快全球信息化进程，实现知识共享，缩小数字鸿沟

数字鸿沟又称信息鸿沟（Digital Divide, Digital Gap, Digital Division），本意是数字差距或者数字分裂。联合国开发计划署的顾问Dannisi指出，数字鸿沟实际上表现为一种创造财富能力的差距。

一些学者也认为，所谓的"数字鸿沟"应当被称为"知识鸿沟"或者"教育鸿沟"。在互联网时代，个人计算机的主要用途已经由计算转化为信息搜索、信息交换和信息处理了。所谓"知识鸿沟"，就是一方面闲置着大量的劳动力；另一方面，这些劳动力却因为知识储备不足而无法被吸收到最具价值创造潜力的、占国民经济总额高于70%的经济过程中去，从而不得不拥挤在只占国民经济价值总额30%以下的传统农业和工业部门内。由于数字鸿沟的存在，造成许多不均等的机会，主要表现为：富国的先行优势；美国国内贫富分化的社会问题；工作、学习和生活的分化。

数字鸿沟即是数字机遇。数字鸿沟实际上是一种创造财富能力的差距。中国如何抓住机会实施方法得当的技术融入，跳过这一差距，直接进入信息技术和电子商务领域，是摆在我们面前的重要问题。

在数字时代，计算机与互联网是日常生活中最重要的部分，图书馆特别是公共图书馆为公众开启了一扇通往全球信息之门，将全世界的信息带到每个社区，使所有社区成员能获取电子资源并发展其技能，使之参与到全球经济活动中来，这是图书馆对社区乃至国家的主要贡献。

正因为数字图书馆对社会影响巨大，各个国家、各个组织都在加紧实施数字图书馆工程项目，希望借此来加速信息、知识的共享，实现经济的新一轮发展。

第三节 数字图书馆的基本组成

数字图书馆是以数字形式存储和处理信息的图书馆，是将计算机技术、通信技术等合二为一的信息服务系统，主要由四大部分构成：数字化的信息资源系统、图书馆网络通信系统、数据库管理服务系统、人才及团队管理体系。

一、数字化的信息资源系统

（1）数字化的信息资源

大量的数字化资源是数字图书馆开展服务的"物质"基础，直接关系到数字图书馆的信息服务质量。数字图书馆的数字化信息资源来源主要有两种：馆藏资源数字化和购买电子文献资源，这些信息资源以二进制形式存储在计算机内，并按一定的逻辑方式进行排列。这些经过标准化处理、具有一定规模并在内容或主题上相对独立的数字资源类型多样，既包括科技成果、学术论文等一次文献，又包括书目数据、索引文献等二次文献；既包括存放在本地站点的实体资源，又包括分布于网络中其他站点的虚拟资源。众多的数字化资源构成了向用户提供服务的资源群。

（2）数据封装系统

数据封装系统主要实现对文本、图像、音频、视频等信息进行数字化采集加工和处理，实现对资源的一次加工多次使用。它能对异构数据库里的数据进行统一封装，将基于各种不同软硬件平台的数据库整合到数字图书馆系统中来，极大地丰富数字图书馆的内容。

二、图书馆网络通信系统

数字图书馆要通过全国或全世界范围内的网络和通信系统为分布在全球各地的用户服务，所以高速、大流量的数字通信网络是数字化资源顺利传输的必要技术基础。数字图书馆内部本身由局域网构成，一般是高速主干连接数台服务器及工作站，外部通过广域网服务器面向浩瀚的国际互联网。

三、数据库管理服务系统

(1) 高效的数据库管理系统

数字图书馆的数据资源由对象数据库和元数据库构成,元数据库中的数据主要对对象数据库中的数据属性进行标引和说明。元数据相对集中存放,对象数据分布存放。大规模的数字存储管理系统实现对所有数据资源的存储管理,维护元数据和数字对象的完整性和统一性,以及在分布式网络环境下为大规模数字资源快速有效的存取提供支持。因此,数字图书馆要求其数据库管理系统具备快速高效地组织查询各种信息资源的能力和性能。

资源调度系统通过用一个特定的标志来建立一个对所有数字资源进行管理的资源系统,它相当于建立一个指向特定资源的指针。当资源环境发生变化时,只需要把指针做调整,即将这个特定的标志进行相应的变化,就能够保证整个系统的正常运行。

(2) 客户服务系统

客户服务系统通常由安全认证系统、计费系统、查询服务系统构成。安全系统主要是确保合法用户正常访问,防止非法用户的使用和蓄意破坏;计费系统主要是完成在线收取用户信息使用费的功能;查询服务系统则主要实现数字化信息的发布与利用。用户通过统一的界面进入系统,根据元数据库中检索到的对象数据标引,通过调度系统从对象数据库中获取相应的资源。

四、人才及团队管理体系

数字化图书馆的建设和运营离不开专业的人才队伍和高效的管理团队。数字图书馆需要具备多方面知识结构的人才,特别是需要在计算机自动化和网络领域有坚实基础的专业人员和在数字资源开发、组织和利用方面具有丰富经验的管理人员。

第四章 数字图书馆信息服务

第一节 数字图书馆信息服务简介

一、数字图书馆信息服务含义

数字图书馆信息服务是指利用各种技术对信息资源进行采集、组织、检索和传播等业务进行处理的一种活动。数字图书馆信息的服务的内容是提供电子出版物、数据库、Internet 上的各种信息。用户不仅可以得到二次文献，还可以得到文献全文以及多媒体信息。

二、数字图书馆信息服务的主要特征

1. 服务对象

数字图书馆的物质基础是要有数字化的信息资源。数字化信息是指数字资源中的信息，包括文字、图片、声音、动态图像等，都是以数字代码方式存储在磁带、磁盘、光盘等介质上，通过计算机输出设备和网络传送出去最终显示在用户的计算机终端上。随着智能手机、平板电脑的普及，人们更倾向于通过移动设备阅读信息。尤其对于年轻人来说，他们主要通过移动设备浏览、阅读信息。在这种情况下，数字图书馆信息服务的对象有所改变。

2. 服务模式

在数字图书馆时代，用户查找信息不需要亲自去图书馆就可以查找到。突破了时间、空间、地域的限制。这种改变促使信息服务模式的改变，数字图书馆作为信息用户和信息资源连接的桥梁，数字图书馆的服务人员应转变理念，要形成以用户为中心的服务理念，注重向读者提供定制服务、学科知识导航和个性化服务模式。以用户为中心的信息服务理念就是要最大化地满

足用户的信息需求。数字图书馆信息服务模式的改变也促进了检索效率的提高。不管是数字图书馆信息服务,还是传统图书馆信息服务,信息检索都是一项必不可缺少的服务。传统的图书馆信息检索式通过卡片式、索引、书本式目录等来搜索所需信息。这种检索方式速度慢,效率低。数字图书馆的数字化信息存储在服务器、磁盘或光盘上,这些信息存储设备代替了实际的物理存储空间,容量大,保存时间长,能存储更多的数字信息。用户能够很快检索到所需资源,提高服务效率。数字图书馆本身具备进行馆藏交换、资源共享、智能化检索的功能,这也使检索的效率大大地提高了,并且得到的检索结果更准确全面。

3. 服务技术

数字图书馆信息服务的技术包括两个方面:一是客观技术;二是服务者的服务技能。客观技术主要是通过网络化技术,将传统的信息资源转化为存储在虚拟空间的数字化数据,并用大数据技术对这些海量数字数据进行处理。由于新技术的应用,信息服务模式的改变,信息服务者需要快速学习掌握这些新技术和服务专业技能,满足用户的各种信息需求,更深层次研究用户需求的信息服务。

三、数字图书馆信息服务系统

当前最主要的数字图书馆信息服务系统都是 B/S(Browser/Server,浏览器/服务器模式)三层结构(Web 服务层、应用服务层、数据服务层),如图 7。这三者分别代表了系统接口、浏览器和操作系统的结合体、服务器以及它们的相关构成。庞大的用户体系访问图书馆的途径很多,包括移动端或者 PC 端。当用户进行检索、借阅或者咨询时,根据用户的信息需求,这三层依次做出应答和调度,应用服务层调取 Web 服务层收集的数据进行整理加工,发送给数据服务层。数据服务层做出相关反馈,并借由应用服务层反馈给 Web 界面,用户读取最终反馈结果,获取自己需要的信息。

图 7 数字图书馆信息服务模式

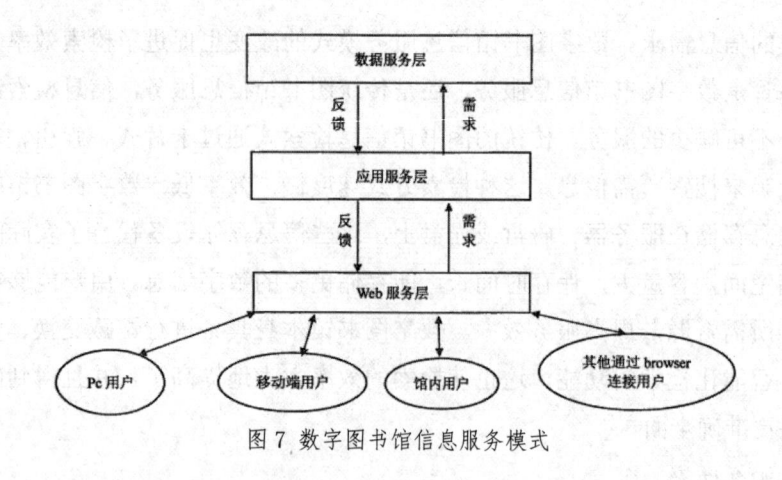

四、数字图书馆信息服务内容

数字图书馆服务与传统图书馆一样，数字图书馆为读者提供服务的前提是拥有巨大的资源信息体，服务的宗旨都是为用户获取信息提供便捷、有效的通道。从馆藏资源来看，数字图书馆相较传统图书馆有其自身的特点。它可以涵盖实际生活中各种各样的信息组织、存储和传播服务方式。无论是文字、图片、声音、影像都是数字图书馆馆藏的载体，其存储、传播方式都依靠数字化技术，极大地减少了传统人工服务所耗用的时间。馆员可以把更多精力放在如何更加有效快捷地收集、整理、组织、存储、传播信息上，借助多样的科技手段突破空间、时间限制为读者提供更加优质的服务体验。

1. 数字图书馆资源发现

在大数据背景下，数据图书馆的资源非常丰富，数字图书馆需要通过一定的技术和手段发现信息资源。在当前，数字图书馆的信息资源主要来源于这几个方面：网络资源、馆藏资源数字化、采购的电子资源和用户需求的信息。数字图书馆可以使用现代化的工具和手段分析用户行为信息和用户需求信息，找出用户信息需求与数字化信息资源供给之间的潜在联系，从而方便为用户服务。

2. 数字图书馆信息资源存储

在大数据背景下，信息资源呈现爆炸式增长，传统的存储方式已经不能满足大数据的存储需求。在这种情况下，为了更好地满足用户的信息需求，数字图书馆不仅需要存储馆藏信息，而且需要存储用户的信息。由于数据结构的异质性，需要使用 MapReduce、Hadoop、NoSQL 和云技术对复杂的数据进行存储处理，以满足用户的信息需求。

3. 数字图书馆信息资源组织

数字图书馆是一种供用户检索使用的信息系统，用户通过对这个系统进行访问以获取自己需要的信息，而要达到这个目的，就需要使信息系统提供的信息和用户的需求信息进行一致性匹配，这就需要对数字资源按照一定的标准和程序进行组织。随着数字图书馆数据的飞速发展，传统的数据库方式、文件方式等信息组织资源的方式已经不能满足需求，为了更好地满足用户的需求，这就需要利用流处理和批处理的大数据组织方式。

4. 数字图书馆信息资源检索

在大数据背景下，数据信息的更新速度很快，用户要想从数字图书馆获取所需的信息，就需要智能化的检索系统。可以说数字图书馆相比传统图书馆的使用便利性在很大程度上是通过信息检索系统来实现的。在数据量非常大的情况下，需要将大数据处理技术运用到数字图书馆检索服务中，通过向用户提供个性化、实时化和智能化的检索服务，能够有效地满足用户对信息的需求，从而提升用户对数字图书馆信息服务的满意度。

第二节 数字图书馆信息服务现状

一、数字图书馆现状

随着社会的发展和文化的繁荣，数字图书馆建设也在不断革新和发展。数字图书馆主要是人们获取信息的一种途径，是简单的共享资源平台。随着信息技术的深入发展，数字图书馆的内涵也越来越广泛，数字化技术的应用程度不断加深、技术服务不断完善。目前，数字图书馆的数量在不断增加，数字图书馆的资源也在不断整合，功能不断完善，数字化系统越来越多，数字化资源类型越来越多，数字化图书馆的服务范围也越来越广，一些新的理念、技术和系统的出现，如云共享理念、移动互联网技术及大数据技术的深入，数字图书馆朝着数字化、智能化方向发展。以下是数字图书馆几个方面的现状：

（一）数字图书馆技术

我国的数字图书馆一般都是采用图像扫描技术，这种技术的应用对于数字图书馆的建设有很大的帮助，因为其简单易操作、成本较低，并且制作效率较高，因此这种技术受到了广泛的应用，但是这种技术也存在明显的缺点。首先就是其显现的效果不尽如人意，并且这种技术制作的电子资源对硬盘的空间占用较大，有待改善。当前就需要弥补在扫描技术上的不足，能够提升显示效果，并且降低硬盘存储空间，提高资源数字化的效率。

（二）资源状况

不管是对于传统的图书馆来说，还是数字图书馆来说，其最重要的内涵就是资源。资源多就代表图书馆的内涵丰富，但是随着数字图书馆的不断发展，其借助了新兴技术将大量的信息资源数字化，在很大程度上节约了图书占用的馆舍面积，并且能够满足用户的个性化需求。并且就当前数字图书馆资源建设来看，不同的数字图书馆所侧重的内容有所不同，虽然数字图书馆的资源较为丰富，但是对读者来说却可能较为麻烦。由于资源不够统一，检索不够方便，有的图书馆不能做到及时更新，因此还需要尽快完善这一状况。

（三）版权问题

版权问题是数字图书馆在建设的过程中不可忽视的一个问题，并且也对数字图书馆的可持续发展过程起到了重要的影响。当前面对版权问题，不同的数字图书馆处理手段有些许差别，但是在解决程度上就有很大的差异。当前不仅处于信息化时代，更是知识经济时代，我国在立法上都较为注重知识产权的保护，因此只有在版权上解决好纠纷问题，并且及时解决，才能适应新的社会现状。有的数字图书馆是通过与版权代理机构签订合作协议来解决版权问题。只有彻底解决版权和著作权，才能保证数字图书馆更好地建设。

（四）标准化

由于网络产品属于新兴产品，很多方面的标准还需要去完善，比如在法律上，网络上的很多行为都没有较为明确的约束，而数字图书馆就是建立在网络的基础之上的，制订相应的标准尤为迫切。规范化要考虑到包括系统软硬件、系统平台、生产工具在内的诸多内容，要能够将数字图书馆作为一个系统的工程去建设，虽然想要立即对相关平台制订出一整套的标准是不现实的，但是应该开始重视这方面的建设，逐渐深入研究。

（五）检索功能

相比传统的图书馆，数字图书馆存在的最大的优势就是能够快捷地获取信息资源，通过相应的技术对信息资源提供检索支持，从而提高知识获取的效率。现在很多的图书馆都具备一定的检索功能，也正是由于这种自动化系统的出现，使得读者在查询、借阅馆藏、获取知识的过程更加便捷，能够让用户切实体会到信息时代带来的便捷。在检索方面，目前主流的数字图书馆都做出了有针对性地开发，可以通过书名、作者、出版社等相关信息，快速获取信息。通过上述讨论可以发现，我国的数字图书馆建设成就可圈可点，虽然存在部分缺陷，但是其取得可喜的进步还是非常令人欣慰的。

二、数字图书馆信息服务现存问题

近些年来，尽管中国数字图书馆在信息服务方面取得了惊人的成果，但是还有许多阻碍中国数字图书馆取得突破性进展的因素。下面分析存在的主要问题。

(一) 硬件设备建设成本太高，忽视用户体验

现如今，中国数字图书馆项目并没有制定整体长远且科学适宜的发展规划。这是十多年以来阻碍中国数字图书馆取得突破性进展的最大原因，所以必须制定适合其稳定发展的行业规划。另一方面，软硬件投资不均匀以及轻软件投资不足是阻碍其发展的一个重大原因。数字图书馆在进行信息化的进程中通常仅注重硬件方面的产品升级，而没有关注现存的软件能否与升级后的硬件完美兼容从而稳定工作。

现在数字图书馆的开发通常为了具备信息化的特点，皆提升了自己向信息化转变的速度，想凭借此增强自己的竞争力，达到在信息服务方面处于领先水平的目的出于这种目的，很多数字图书馆都争先恐后地收购众多设备，比如各种互联网设备、信息储存装置、路由设备乃至各种大型服务器，但是对于软件的投资却很少，致使所购买的先进设备无法最大程度的发挥效用，并且还要聘请一些专业性人才对设备进行维护，这就在很大程度上提高了成本。并且有的数字图书馆基础设备信息有着重复设置的情况，尚未制定科学合理的购买以及利用规划，各个小单位各行其是，一味购买多种交换机、路由设备、信息储存装置以及大型服务器。如此一来，不然提高了成本，而且还浪费了更新换代后被搁置的设备。一些数字图书馆在购买很多设备之后，因为多方面的因素，比如软件开发缓慢、维护力度不足等，长期被搁置在冰冷的仓库中，这样不但增加了基础设施的购买成本，而且还浪费了大量的资金和设备。由于投入大量的资金在设备购买与维护上，在实体图书馆馆内环境优化上、馆员工资分配上就做不到完善，不仅降低了来实体馆体验的用户的满意度，还使得馆员工作积极性降低，服务效率得不到提高。

(二) 用户与系统交互界面功能陈旧，无法满足用户诉求

与大规模投入硬件更新资金相反的是，各个数字图书馆软件建设较为落后，其提供服务以及服务的方式缺乏多样性，大部分数字图书馆用户系统还处在常规的信息查询、资料检索、联机目录搜寻阶段，服务方式非常老旧，提供服务的形式不主动。仅有少数先进的数字图书馆才能提供高层次的定题服务、Web2.0式的互动式服务，并能通过科技手段进行查询最新信息。这些数字图书馆的服务也较为主动、个性化十足。

当前阶段，数字图书馆不能把用户群体看成简单的阅读者，当代的阅读

者已经不再把休闲阅读和简单地翻阅资料看成主要目的,当代数字图书馆俨然成为社会数据中心以及信息仓库。数字图书馆的主要任务应当是为客户奉上其需求的数据以及知识。当代数字图书馆客户的多样性主要包括用户层级的多样性以及用户对信息需求的多样性这两部分。因为数字图书馆服务的对象是各个专业以及研究目标、层次有差异的用户,并且面向高校、研究所、各大公司和其他组织提供服务,如此就需要数字图书馆给予用户多种更具特色的服务,并且还要在服务方面研究改革方案来提升服务质量,使用户各种独特的需要得到满足。

(三)信息共享性太低,用户检索内容不全面

现如今,中国数字图书馆行业尚未制定出科学适宜的行业行为准则以及评定机制。很多数字图书馆为了满足自己的需求,在向信息化方向发展的进程中使用了多种操作模式、多种信息储存模式以及调用机制。他们有的使用服务器——用户式的互联网平台框架,其他的则使用浏览器——用户的互联网平台框架,如此也就致使信息资料无法顺利地互换于各数字图书馆。因为很多数字图书馆在初期创建的历程中,并没有做出科学的发展规划以及长久性的战略目标,这也就导致了他们在向信息化转变时各不相谋、自行其是,从而致使他们相互之间缺少整体的信息管理体系,信息调整艰难,并且产生了很大的资金以及资源的浪费。

因为每个数字图书馆对信息采集、归纳的要求有差异,所以需要成立有差异的专题数据库以及信息处理机制。由于机制需要对有关信息资料进行保密,不能和别的数字图书馆相互结合,所以使得各个数字图书馆的网络无法协调一致地进行革新与维修,并且还使得各个数字图书馆进行革新与维护时需要花费许多金钱、人工。数字图书馆系统之间进行数据相通的难度较大,数据一体化也不能轻易进行,从某种角度来说,以上的问题加速了数据弧城的出现,数据弧城的出现,让信息搜寻、信息合并、信息决策这种高等级以及更高等级的数据把控所要的信息获取更加困难。同时,数字图书馆信息资源的构建缺少规范性要求,这使得各个数字图书馆对外界操作系统缺乏足够的兼容性,各个数字图书馆在进行数据处理时没能进行足够的协作。各个数字图书馆之间没能建立协调一致的数据窗口,这无疑给数字图书馆的用户带来了许多麻烦。同时,还为数字图书馆团体的特色自建库、数据库资源、专

题发布以及资源整合和团体门户网站功能的拓展都带来了巨大麻烦。当用户在搜寻数据时，用户不能一次性搜寻所有信息资源库。因此，用户无法把来自不同网站的信息进行融合、建立关系，而且用户在进行信息检索时所采取的手段非常烦琐，各大数据库的检索能力都不够强大。以上问题共同作用使得我国数据一体化系统构建迟缓。当前，我国数据资源的局部一体化仅仅体现在部分拥有相同数据接口的网站之间。这使得数字图书馆团体数据非常不集中，给数据的区分汇总带来了相当大的麻烦。

除此之外，因为数据资源的协同度不高，使得一些数字图书馆不能为用户带来与众不同的服务。因为各个公司以及数字图书馆的数据库采用的检索方式和权限认证系统有区别，所以当用户需要检索信息时，用户只能采取多种方式分别进入不同的数据库进行独立的信息查找。由于不同数据库没能建立有效的信息链接并且进入不同信息库需要采取不同的进入方式，因此，使得用户检索信息过程十分麻烦。

（四）数据存储遇窘境，数据安全性存在隐患

数字图书馆是一个信息服务机构，要面对大量数据的存储。随着大数据时代的到来，数字信息资源呈现爆炸式增长的局面，除去传统的纸质信息资源，数字图书馆要长期为用户存储的数字信息资源越来越多，并且在网络时代背景下，文字信息只是庞大数据流中的一种，诸如音频、视频、图片、声音等信息资源也一并涌入数字图书馆。然而各大数字图书馆之间采取独立存储信息资源的方式，这使得单个数字图书馆面对大量数据的存储压力越来越大，传统的硬盘存储不仅会大大增加数字图书馆的建设成本，其维护成本也不容小觑，如若硬盘出现损伤，这将给数字图书馆带来不可估量的损失。现代用户在使用数字图书馆时都会在系统中录入个人信息，其中包含了大量的个人隐私，数字图书馆在投入了大量资金建设存储设备的同时，不可避免地就会弱化对数据安全的关注。数字图书馆系统一旦遭遇病毒、黑客或者物理原因的破坏时，不仅会泄露用户个人隐私，还会损失大量珍贵的信息资源，后果几乎是无法挽回的。

第三节 数字图书馆信息服务模式

数字图书馆本身就是一个数据集，每个图书馆都可以建立自己的数字图书馆，多个不同地区的图书馆也可以构建数字图书馆。这两种方式的数字图书馆都要通过数据集的交换来实现资源共享，从而服务用户。基于以上的情况，对数字图书馆的信息服务模式的构建从宏观上可以分为单个数字图书馆信息服务的模式和由多个数字图书馆组成的数字图书馆的信息服务。

一、单个数字图书馆的信息服务模式

单个数字图书馆信息服务顾名思义就是对单个图书馆建立数字图书馆，并进行信息服务。单个数字图书馆是针对单个图书馆进行研究，发挥本图书馆的特色，为用户提供更好的信息服务。单个数字图书馆的信息服务模式主要有四种：基于网络的数字图书馆信息服务、基于网格的数字图书馆信息服务、基于共性需求的数字图书馆信息服务和基于知识增值的数字图书馆信息服务。

（一）基于网络的数字图书馆信息服务

传统的数字图书馆的服务对象相对固定。这种固定的读者群的形成是由于读者的年龄、性别、兴趣爱好、教育背景、知识结构、阅读习惯等有关。他们在处于相对固定的文化背景中，他们对信息需求、阅读方式的选择等都有着相似性。但是随着网络技术、社交网络、数字图书馆联盟等出现，改变了用户获取信息的需求和方式。数字图书馆时代，能实现在有网络和访问权限的情况下随时随地获取数字图书馆的信息资源，由于不受读者非要亲自去图书馆获取信息资源的限制，只要会上网的人都可以成为数字图书馆的信息服务的对象。

互联网的普及使得数字图书馆的信息资源不再是图书馆单独使用，为自己本馆服务，而是共享数字信息资源。通过网络实现图书馆的信息集交换，再对数据进行整合，形成一个全新的开放式的网络服务系统。数字图书馆的信息服务离不开网络，网络为数字化信息的高效、高速的流通奠定了基础。数字图书馆信息服务不仅包括书目的在线阅读与下载、电子文献的阅读、图

书馆动态信息的浏览、查询、评价,而且还可以预测用户的信息需求为用户提供定制化的个性服务。

数字图书馆的网络服务模式又分为被动服务和主动服务。

(二)基于网格的数字图书馆信息服务

由于技术和用户需求的发展,数字图书馆的信息服务趋向智能化、个性化。为了实现数字图书馆信息服务的这个功能,必须解决数字信息资源中数据的异构性、分布性和自治性的问题。异构性主要表现在三方面:平台异构、信息源异构、语义异构。平台异构主要是由于数字图书馆由多种硬件设备、数据库系统、操作系统等形成的。信息源异构来自数据源本身的结构的不同。语义异构体现在一个词语表示多个含义或一个含义可以用多个词语表示。分布性是相对信息资源本身来说的,因为数字化信息存储在不同的数据库和虚拟存储设备中。自治性是指每个图书馆在馆藏资源和提供服务方面都有自己的自主权,并不是统一的。基于网格的数字图书馆可以对数字图书馆的资源进行整合,最大程度实现资源共享,这样就可以解决上述数字图书馆信息服务过程中出现的问题。

网格是一种信息社会的网络基础设施,它将网络上所有的信息资源,即偶结构化数据、半结构化数据和非结构化数据组成的各种数据库的信息资源实现互联互通,使各种信息资源实现无缝连接,构建出一个全球化的信息资源库和信息处理平台。用户可以实现随时随地获取信息服务。

基于网格的数字图书馆信息服务的特点是用户只需一次登录就可以访问存在于不同数据库的信息资源。信息资源的共享解决了数据的重复和冗余,形成统一的数据类型,通过对共享的信息进行深度挖掘,找出用户的信息需求,应对实行信息推送服务。基于智能化的检索并对检索的结果进行优化,提供按用户信息需求的知识服务。基于网格的数字图书中的信息资源不是静态的存储,而是不断地更新变化的。

(三)基于共性需求的数字图书馆信息服务模式

数字图书的信息资源包括数字化馆藏资源和用户信息资源,对于这些信息资源是通过基于OPAC(Online Public Access Catalogue)的资源整合方式进行集成的。通过OPAC系统可以实现不同类型、不同载体,本地资源与远程资源的整合和集成。数字图书馆的馆藏信息资源包括图书、期刊、报纸、声像资料、电子期刊等,对这些信息资源进行集成比较容易,因为它们大多数是结构化的数据。用户信息资源相对复杂,用户信息资源包括用户的年龄、性别、爱好、教育背景、知识结构、用户的检索习惯等,这些信息大多是半结构化数据和非结构化的数据。

数字图书馆馆藏信息通过 OPAC 系统对数字图书馆的馆藏信息资源进行整合集成,形成电子期刊整合和统一的检索平台。电子期刊资源整合是对全部数据库的全文期刊按照学科、主题、作者等进行资源整合,为用户提供数据来源库、刊名、主题词快速检索电子期刊的服务,每个用户通过这种方式能对电子期刊信息有全面的了解。统一的检索平台是指用户不再需要对每个数据库进行登录访问,而是通过一次登录就可以检索到不同数据库的信息资源,真正实现不同数据库之间的无缝连接。这样避免了用户同时登录不同数据库和检索结果的重复,为用户节省大量时间和精力。

面向用户个性化需求的对口服务包括专业知识门户站点和网络学科资源导航。专业知识门户站点就是满足重大科研项目、科研课题、优势学科的需求。将有关这些方面的纸质版文献数字化时,对不同的数据源、不同的数据结构、不同的数据库的数据、不同专业的数字资源进行采集、整合、分析、重组、去重,按照知识整体性和关联性对信息资源进行聚合形成专业知识资源系统。用户进入知识资源系统中就能获取到自己所需要的信息资源,这种服务面向的是专业主题的信息增值服务。网络学科资源导航是面向用户的学科信息需求,按学科对数字化信息资源进行采集、分类、处理、整合、分析、解释等形成整体有序的学科知识体系,用户可以通过这种知识的相关性联系检索出所需要的信息资源。通过网络学科资源导航服务,用户可以通过最短的时间搜索到全面的网络资源。不同的用户对数字信息资源的需求不同,通过专业知识学习平台对图书、视频、音频、文本等信息资源进行重新整合,为用户提供自主学习资源环境,满足不同用户的不同信息需求。

(四)基于知识增值的数字图书馆信息服务模式

数字图书馆是通过一系列技术来满足用户的信息需求。基于知识增值的数字图书馆信息服务包括在线参考咨询服务、远程教育、个性化信息定制推送服务和专业教学产业园。

在线参考咨询服务是数字图书馆信息服务的重要组成部分。通过参考咨询服务系统，图书馆员，专家与用户直接交流，更好地理解用户的信息需求，并为用户提出的问题及时回答，通过这种及时的信息交流和反馈，建立以解决问题为导向的信息服务。

远程教育是通过计算机网络技术、通信技术、多媒体技术和现代教学方法进行的信息服务活动。它将不同地域的馆员、教师、专家、学生和教学系统连接起来，用户根据个人的学习方式进行人际交互个别学习或进入虚拟教室学习。让用户获取信息不再受时间、地点、学习方式的限制，真正实现人机交互的信息服务。

个性化信息定制推送服务是以用户为中心的信息服务。这种信息服务是建立在对用户的信息的挖掘和分析的基础上，用户的信息包括用户的基本信息，如性别、年龄、教育背景、知识结构、兴趣爱好和行为信息如检索工具的使用、经常搜索的网站等信息，实现用户个性化信息推送服务。这就需要分散在某个领域或者相关的几个领域的知识以主题为标准对知识进行分类、整合、集成。在个性化定制服务中根据特定的用户信息需求，可以为用户提供定制的Web浏览页面、信息频道或信息栏目；也可按照特定用户预先选定的知识门类、学科专业、信息内容等信息需求方向，采用智能软件和人工干预相结合的方法，快速组织与定制检索式，把有针对性、专业性信息资源定时发送给特定的用户。

专业教学产业园是高校图书馆的特色文献资源，主要面向高校师生的信息资源个性化需求，将科研信息、教学信息和数字化资源信息整合在一起，把教学实施过程中产生的信息资源和图书馆的数字化信息资源进行集成，展现出高校的数字图书馆参与教学、跟踪教学、服务教学的作用。用户登录后，通过导航获取教学参考资源、中外文电子期刊资源、电子图书资源及网络相关的学科站点资源。用户还可以根据个人的兴趣和需求，实现专业期刊的定制、特定期刊的定制、电子图书的定制和中外文数据库中期刊论文的定制。系统会自动将实时更新的动态信息通过Web技术提供给用户浏览，并通过电子邮件进行推送。中文期刊论文定制是系统基于对用户的信息进行挖掘，分析出用户的个性化信息需求为用户提供定制表单，通过在线资源管理系统或个人电子邮件推送到用户的手中。

二、多个数字图书馆联合的信息服务模式

数字图书馆可以由不同地区，甚至是不同国家的图书馆共同参与，对这种由多个图书馆构建的数字图书馆，在对数据处理、存储的数字化资源、提供服务的内容和方式等都不同。而数字图书馆是通过数据集之间的交换来实现最大化的资源共享，满足用户的信息需求。为了能真正实现数字图书馆的这种功能，面向多个数字图书馆的信息服务的模式包括数字图书馆联盟、联邦检索服务和制定规范化的标准。

（一）数字图书馆联盟

数字图书馆联盟是在信息数据急剧增长、适应数字化社会发展的要求和满足用户个性化的信息服务的基础上产生的。自愿原则和契约为基础的数字图书馆联盟对数字信息采集、存储、分析、检索、管理等一系列业务进行操作，满足用户不受时间、空间、地域限制检索信息的同时，还通过资源共享降低各个图书馆的运营成本，提高图书馆的整体效率。

随着计算机技术、互联网技术的飞速发展，图书馆的外部环境和内部需求已经发生了很大的变化。外部环境主要从物理空间和具体的组织结构进行改变。数字图书馆是将数字信息存储在虚拟空间上，而数字图书馆联盟将这些数字图书馆信息资源组织和整合在一起，实现信息最大化的共享，这样用户可以进行 7×24 小时信息服务。内部环境主要是在数字图书馆内部通过各种系统实现无缝连接，使数字信息资源的发现、采集、整合、集成、分析、检索更加智能化，用户可以通过已经加入数字图书馆联盟的任何一个子图书馆的用户界面进行检索。数字图书馆通过查询器将检索式分解成很多子检索，利用智能化的检索技术对不同的数据库、知识库和系统进行查询，将查询的结果通过数据处理技术进行去重、去除冗余、排序等的整合，将处理好的数据通过统一的输出平台反馈给用户。

（二）联邦检索服务

数字图书馆是面向用户提供服务的，用户在使用数字图书馆系统时最想要的是检索到自己所需要的信息资源。我们知道，单个的数字图书馆在收藏的数字化信息资源毕竟是有限的，而且很多数字图书馆收集的数字信息资源会有重复，这样不仅增加了各个图书馆的成本，而且不利于信息资源的共享，

不能最大化地满足用户信息的查全率。在多个单个数字图书馆构成的数字图书馆中，在检索上需要使用联邦检索服务。

近年来，数字化资源的飞速发展促进了检索工具的发展，使用户的检索方式更加方便、快捷。查全率和查准率也得到了很大的提高。当用户信息满足后又会产生新的信息需求，这些新的信息需求又促进数字图书馆为其提供信息服务。用户信息需求和数字图书馆为用户提供的信息资源之间的良性循环为数字图书馆联邦检索奠定了基础。据不完全统计，各大高校的数据库都在不断增多，尤其是有一些高校的数据库超过 200 个。如此多的数据库存储着大量的信息资源，一方面，这些信息资源能够满足用户的信息需求；另一方面，由于没有对数据库制定统一的标准，每个数据库在数据结构、存储方式、检索方式等都存在很大的差异，并且各个数字图书馆存储的信息会有重复，这对用户的检索速度有很大的影响，因为用户为了查找到所需的信息，不得不多次登录数据库中进行检索。为了提高查全率和查准率，用户要了解每个数据库的特点，包括数据源的构成、数据结构、检索方式等，这样用户需要花更多的时间和精力在学习数据库的使用指南上。即使是这样，用户还是会遗漏很多信息和检索到很多重复的信息。基于这个问题，用什么方法将这些来自不同类型、不同格式、不同结构的数字资源整合在一起实现资源共享，并将这些重复的信息进行处理，为用户提供集成检索服务，成为数字图书馆信息服务的一个重要研究主题。

资源联邦检索是一个面向资源的统一检索系统。它的原理是用户在一个查询界面下检索，可以得到来自不同数据库的数据。它的实质就是要在多个数字图书馆的信息资源进行资源共享的基础上，为用户提供更快捷、方便的信息检索服务。

大数据时代，数字化的信息资源会越来越多，这些数据中不仅包括结构化的信息如书目信息、目录信息、索引信息，而且还包括半结构化和非结构化信息，如用户的年龄、性别、兴趣爱好、教育背景知识结构、常用的检索方式、用户对检索结构的评价等。大数据技术的发展为数字图书馆的信息服务提供了便利。

大数据环境下，改变了数字图书馆的数字化信息的采集、信息的组织、信息的集成、信息的分析、信息的解释的方式。数字图书馆利用各种技术对网上的信息资源进行处理，将处理后的数据整合在一起形成数据仓库，通过查找数据仓库检索信息资源满足用户的个性化信息需求。大数据通过对数据进行处理可以达到数字图书馆的目标，将大数据技术引进到数字图书馆中进行信息服务是未来的趋势。

（三）制定标准化标准

为了让多个数字图书馆组成的数字图书馆系统能正常运转，需要制定标准。单个数字图书馆本身就是一个复杂的数字信息系统，再由多个这种复杂的信息系统组合成一个数字图书馆系统，为了让这个系统更好地服务用户，实现用户获取信息更便利、可持续操作和各种软硬件之间的兼容必须制定标准。用指定的标准来约束各个图书馆，让他们在对数字化信息资源的处理方式、软硬件的面配置上尽量达到一致，实现信息资源最大程度的共享。在大数据时代对数据的处理需要标准，这样才能对大量数据及时处理并挖掘出其价值，更好地服务用户。

第四节 大数据对数字图书馆信息服务的影响

随着信息技术的快速发展，用户的信息需求的内容、获取信息的方式、信息的表现形式等日益丰富。数字图书馆的信息服务是以用户为中心的一种服务，数字图书馆的信息服务通过更多技术的融合和服务机制的改革，使得用户获取信息的方式多样化、便利化，反馈回来的信息可视化更高。将大数据技术应用于数字图书馆的信息服务中，能更好地满足用户个性化信息的需求。

一、大数据对数字图书馆信息服务的挑战

（一）信息存储能力不足

由于大数据的广泛应用，使得当前数据的处理和存储能力不足以应对它的增长速度，尤其是对于数字图书馆而言，客户在使用其查询资料时所需要的数据量是十分庞大的，因此就需要它具有足够强大的数据存储能力和数据扩展能力。此外，相对于传统的图书馆，数字图书馆不仅要具备传统图书馆所有的数据资源，还需要掌握各个用户的信息数据，这对数字图书馆信息存储能力的要求又迈上了一个新的台阶。因此，在当前数字图书馆建设时技术人员所要考虑的核心内容就是如何增强数字图书馆的数据处理能力以及存储能力。

（二）信息服务输出受限

由于数字图书馆所提供的服务是以大数据为支撑而展开的，即其需要依托大数据进行数据预测、整合最终进行判断，因此数字图书馆在制定信息服务策略时要首先要考虑大数据的分析和预测。可以说，数字图书馆的服务水平与数据的分析和挖掘水平是息息相关的。但随着当前数据的激增，数字图书馆在建立时会遇到复杂的海量数据分析和深度挖掘的难题，不仅如此，当下数字图书馆的数据组成和结构也在发生着日新月异的变化。综上所述，只有在足够先进的大数据技术的支撑下，数字图书馆才能迎来长远发展。

（三）信息收集效果不佳

数字图书馆想要进行数据的整理、挖掘和分析，最先要做的就是收集数据。

以往传统的数据收集主要是结构化的数据收集，即借助于相关的网络数据信息检索软件对已经发表或者是已出版的专著和文献中的数据进行收集。但当前，由于互联网技术的普及，各种智能设备的广泛应用也出现了大量的半结构化或者是非结构化的信息数据。而这部分数据也被客户们所需要，因此数字图书馆也将这部分数据纳入收集范围当中。因此，总体看来，数字图书馆在信息收集方面，不论是所使用的工具、所采取的模式还是所收集的内容，都在随着需求发生着与时俱进的变化。

（四）服务理念受到挑战

数字图书馆想要在大数据的大时代背景下提升自己的服务质量和业务水平，就需要转变观念，即由被动服务向主动服务转变，将客户需求放在首位。这就需要数字图书馆的工作人员从两方面入手来做出改变：其一，为馆员开展一些相关的培训服务，提高他们的专业能力和服务水平；其二，引进和不断探索先进的网络技术，以此来更深入挖掘客户的诉求。当然，为了提高服务的合理性，还要重视客户对信息的反馈。

二、基于大数据的数字图书馆信息服务内容

将从信息资源发现、信息资源存储、信息资源组织和信息资源检索四个方面阐述大数据对数字图书馆信息服务的影响。

（一）基于大数据的数字图书馆信息资源发现

资源发现是图书馆信息服务的基础，如果没有资源发现信息服务就无从谈起。在大数据环境下，数字图书馆的信息资源丰富、结构复杂、分布广泛，如何从这些分布广泛的大量的异构数据中发现它们之间的关系成为研究的热点。目前，面对数字图书馆的数字资源存储在不同的数据库中，每个数据库存储的数据结构不同，面对这种情况，数字图书馆需要通过一定的技术和工具发现信息资源。

1. 发现的目标

资源发现是用户和数字图书馆信息服务的桥梁。用户需要信息资源，图书馆需要为用户提供信息资源，而这些的基础是先发现信息资源。换句话说，信息资源的发现目标就是发现更多的数字化信息资源。数字图书馆通过技术

手段对这些数字化信息资源进行处理,为用户提供满足其信息需求的信息资源。

就数字图书馆本身而言,数字图书馆的信息资源来源于四个方面:馆藏资源数字化、网络资源下载、电子资源采购和用户本身产生的信息资源。就用户而言,数字图书馆的信息资源可以分为用户行为信息和用户需求的信息资源两个部分。由于数字图书馆是面向用户提供服务的,数字图书馆的最终目标是通过大数据技术对用户行为信息和用户信息需求进行挖掘,挖掘出用户的信息行为与数字化信息资源之间的潜在关系,从而为用户提供更好的信息服务。

2. 发现的内容

大数据环境下,数字图书馆资源发现不仅包括馆藏信息资源而且包括用户信息资源。馆藏信息包括文献数字资源和声像信息资源。用户信息资源发现包括两个方面的内容:用户行为信息和用户的信息需求。

(1) 对用户行为的发现。包括用户的年龄、性别、工作性质、知识结构、教育背景、浏览信息的方式、发表的论文、著作、课件、使用的社交工具微信、微博、社交网络等信息。通过对这些信息的发现、采集、去重等处理后,为用户建立用户个人信息库,将用户的这些信息录入数据库中,尽可能地按照一定的方式对用户群进行划分(如可以按照学科、职业等进行用户细分)后,存储在服务器上。

(2) 对用户信息需求的发现。对用户信息需求的发现是建立在对用户行为的基础上。可以利用大数据挖掘技术对用户的行为,如浏览的网站、检索留下的痕迹、下载的数字化信息资源、分享的信息资源、评价信息等挖掘,发现用户真实的信息需求和潜在的信息需求,并为用户建立用户需求匹配资源库。通过分析,为用户提供页面定制、信息推送服务、学术信息导航服务和参考咨询服务等个性化的信息服务。

3. 发现的方式

在大数据环境下,数字图书馆的信息资源发现的方式根据发现的内容不同而不同。信息资源发现主要表现在两个方面:用户行为发现和用户信息需求发现。每一种发现的模式是不一样的。

(1) 用户行为发现

对用户的行为发现主要有网站注册、实时交流、问卷调查三种发现模式。

① 网站注册。图书馆可以通过用户在自己网站上注册时填写的个人信息中获取或者从专门的数据库公司购买用户信息。

② 实时交流。在数字图书馆中，馆员可以通过数字图书馆的参考咨询服务或聊天软件与用户直接沟通，获取用户的信息。

③ 问卷调查。图书馆可以针对用户设计问卷调查表，通过用户填写问卷调查表发现用户的信息。在设计问卷调查表的时候，既要保护用户隐私，又要充分获取用户的信息。

（2）用户信息需求发现

面向用户需求的信息资源发现模式有三种：基于元数据仓储资源发现模式、基于用户数据挖掘和分析的数字资源发现和基于大数据决策的信息资源发现。

① 基于元数据仓储资源发现模式。数字图书馆本身具有大量的数字信息，将每个图书馆的数字资源聚合在一起就形成了庞大的数据仓库。在大数据环境下，网络计量学和文献计量学中的统计和评价的数据增多，通过大数据技术，实现知识关联和学术评价服务。

② 基于用户数据挖掘和分析的数字资源发现。用户在使用数字资源时会留下足迹，如输入的检索式、点击率、使用的检索工具、用户的基本信息等，系统可以把这些信息记录下来。当这种数据积攒到一定的规模，通过数据挖掘技术和数据分析技术找出潜在的信息资源。

③ 基于大数据决策的信息资源发现。目前，图书馆十分重视对数字资源使用情况的统计，图书馆根据系统日志等技术对某段时间内用户检索和下载的信息资源进行统计，并撰写报告。当报告累积到一定的份数后，报告里的数据达到一定的数量级的时候就可以进行大数据分析，通过大数据的分析找出用户对不同主题的信息资源的需求，图书馆根据用户的信息需求扩展馆藏资源。但是这种方式存在不足的地方是只能对用户数据库的检索活动进行统计，不能对数据库以外的用户活动的信息进行统计，而大数据很好地弥补了这个局限。大数据能实现对实时动态的数据进行决策。大数据最具特色的是通过大数据处理和分析等技术对用户在互联网上的踪迹、点击率、浏览历史、检索习惯等信息进行分析和挖掘，找出用户的阅读习惯、爱好、信息需求。利用大数据分析和挖掘技术可以根据目前现有信息资源的基础上继续产生新

的信息资源。这些信息有助于图书馆对读者的信息需求、信息服务市场和未来信息服务的方向等方面的把握，以提高数字图书馆的价值、数字图书馆信息服务的能力和扩展数字图书馆信息服务的内容，对读者进行细分，真正实现个性化信息服务和定制化信息推送。

（二）基于大数据的数字图书馆信息资源存储

大数据时代，数字化信息资源呈爆炸式增长，数据量从 MB 扩大到 TB 甚至是 PB。面对如此庞大的数据量，为了找到真正有价值的数据必须要解决数据的存储问题，目前的存储系统已经不能满足如此大的数据存储需求。在大数据环境下，为了更好地满足用户的个性化信息服务，数字图书馆不仅要存储图书馆馆藏信息，而且还要存储用户的个人信息、学习信息、研究信息（行为信息）。这些信息的数据结构不同，主要有结构化的数据、半结构化数据和非结构化数据。如何对这些结构不同的大数据进行存储也是需要解决的问题。大量的不同类型的源数据给数据分析、集成、融合带来一定的难度。将大数据的数据存储技术应用到数字图书馆的信息服务上，可以在一定程度上解决上述的问题。

1. Map Reduce 技术

Map Reduce 是当前最流行和普遍研究的大量数据处理方法。Map Reduce 模式的工作原理：为了使并发能力更强大，数据获取成功后先以预定义准则对数据源文件完成分割，然后针对分割后的数据通过 Map 方法将其映射到对应的数据集合中去。根据负载均衡规则对所有集合派发到对应集合的节点上，同时得到中间环节的数据，再通过 Reduce 对中间环节数据处理，最后将最终结果输出并展示给客户端，具体流程如图 8 所示。

图 8 Map Reduce 原理

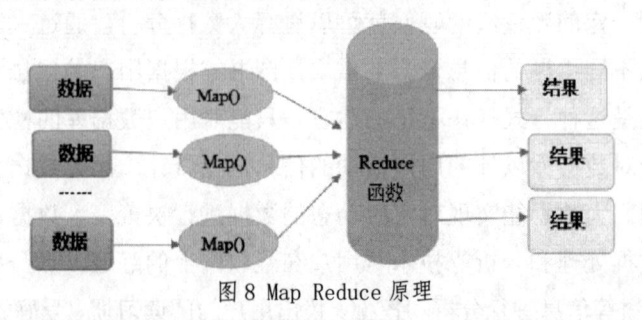

Map Reduce 模式采取处理成的语言为 Map Reduce，Map 函数对数据源

进行处理，将获取到的键值对形成中间键值对。Reduce 函数获取键及对应的值，并且将其转化为小规模的值。即以键值特性对没有规律的数据进行处理，并最终得到想要的结果。Map Reduce 是对数据流的处理，它的处理流程为：代码编号—作业配置—作业提交—Map 任务分配和执行—处理中间结果—Reduce 任务的分配和执行—作业完成。

2.Hadoop 技术

在大数据时代，Hadoop 凭借开源性和易用性成为大数据环境下数据处理的首选技术。Hadoop 主要有两大模块组成：Hadoop 分布式系统（HDFS）和 Map Reduce，如图 9。HDFS 和 Map Reduce 组成了 Hadoop 海量数据并行处理框架的核心。HDFS 在集群上实现海量数据的分布式存储，Map Reduce 在集群上实现了海量数据的并行处理。HDFS 在 Map Reduce 任务处理过程中提供了对文件的读、写等操作的支持，Map Reduce 在 HDFS 的基础上实现任务的分发、跟踪、执行、收集结果等。

Hadoop 通过 HDFS 为用户提供具有高容错性和高伸缩性的海量数据的分布式存储，并通过 Map Reduce 为用户提供逻辑简单、底层透明的并行数据处理框架。由于对底层存储和并行处理的透明化处理，用户可以利用 Hadoop 轻松地组织计算机资源，搭建自己的分布式计算平台，通过对分布式计算平台的计算和存储能力进行集成来实现对大数据的分析、处理。以下为 Hadoop 框架下 Map Reduce 任务的执行方法：

图 9 Hadoop 框架

HDFS 中 Namenode 只有一个，而 datanode 为多个，前者可看成 CPU，实现系统内部文件储存事务的调用，后者只对本地数据的特定部分进行处理。作为 Hadoop 对于处理数据仓库方法的 Hive 与 SOL 相似，实现数据文件到数据表的映射，同时提供各种数据库操作语言。

3. No SQL

传统的数据库先有模式然后再产生数据，而大数据时代大多数情况是先有数据后确定模式。因为数字图书馆的信息资源具有大数据的特征，所以对数据的存储可以采用 No SQL 数据库进行存储。No SQL 是 Not Only SQL 的简称，它有灵活的数据存储模式并且可以水平扩展，是灵活性好的非关系型数据库。

大多数 No SQL 系统采用更加简单的数据模型，在这种数据模型中，每个记录拥有唯一的键，而且系统只需要支持单记录级别的原子性，不支持外键和跨记录的关系。No SQL 数据管理系统需要维护元数据和应用数据两种数据，且元数据和应用数据是分开的。元数据是用于系统管理的，如数据分区带集群中节点和副本映射数据。应用数据就是用户存储在系统中的商业数据。将这两种数据分开是因为它们对一致性的要求不同。No SQL 数据管理系统通过弱一致性降低更新数据时的副本同步开销。No SQL 能够应对大数据的挑战。No SQL 数据存储管理系统的优势在于避免了不必要的复杂性、高吞吐量、高水平扩展能力和低端硬件集群，同时避免了昂贵的对象——关系映射。

4. 云计算

云计算是 2007 年才产生的一个新概念。虽然产生的时间并不是很长，但是对元计算的研究已经达到热潮。尽管如此，目前对云计算并没有统一的定义，比较认可的定义是：云计算是将互联网上的数字化信息聚集在一起进行计算的一种模式，并将计算后的结果提供给用户。

云计算的亮点在于不仅它的软件是信息资源，它的硬件也是信息资源，并且这两种信息资源都可以通过互联网提供给用户。云计算中的信息资源的动态性和可扩展性都非常强，可以实现实时的动态信息更新和信息资源结构的扩展。

云计算的数据都存储在服务器上，所以它的存储空间是没有限制的，可以容纳大量数据，而且可以随时更新和增加新的数据。元计算是大数据的基础平台和支撑技术数字图书馆的信息资源，主要来自馆藏信息资源、电子信息资源的出版、数据库和用户信息，随着时间的流逝，这些数据会越来越多形成大数据量，如何来存储这些快速新增的信息资源成为一个亟待解决的问题。云计算的无限大的存储空间就解决了这个问题。

（三）基于大数据的数字图书馆信息资源组织

数字图书馆作为一种可检索复用的庞大信息系统，它是有组织的数据库和知识库的集合体。对于用户来说，他们对这些数据库和知识库进行一致性访问，目的是获取自己对需要的最终信息。而要达到这种需求和结果之间的精确对应，就需要用户和数据库之间有某种"默契"，即一致性的匹配方式，也就是说，为了便于用户获取有效信息资源，进行信息共享，首先需要对数字资源进行合理科学准确适当的描述和组织，形成充分、有效、有序、准确的组织信息，为用户提供可检索和操作的入口，从而达到利用数字资源的目的。

大数据环境下，数字图书馆的信息资源的数量大、结构形式多样化，对数字资源进行组织就显得尤为重要。

1. 数字图书馆信息资源组织存在的问题

目前，数字图书馆信息资源组织存在的问题主要有四方面：信息组织具体操作中的问题、信息组织的要求问题、信息组织的方式方法问题和信息组织的标准化与协调问题。

信息资源组织具体操作中的问题中又包括两个方面：具体组织对象难以选择和具体信息特征难以揭示。数字化信息存储的特点是不同主题的信息可以存储在同一载体上。如何选择组织对象成为一个问题。信息组织的要求来自数字信息资源本身对计算机软硬件设备的要求和技术的更新能否适应新环境。数字化信息资源的产生的方式很多，到目前为止没有形成统一的规范和标准，所以具体的信息特征很难揭示。信息组织方式很多，其中最基本的是主题法和分类法。到目前为止还没有规范统一的方法将分类法和主题法结合起来。

数字图书馆是由许多数据库和知识库组成的庞大信息系统，构建一个统一平台实现不同数据库和知识库中的数据流通成为一个问题。

2. 大数据的信息资源组织流程

信息资源组织是信息人员运用专门的信息技术手段对大量的、分散的、杂乱的各种源数据进行搜集选择，采用科学方法将搜集的信息经过优化、加工处理和分析整序，形成一个便于有效利用的系统的过程。

大数据的数据来源有结构化数据、半结构化数据和非结构化数据，面对这种复杂的数据，通过流处理和批处理等信息组织方式对这些数据进行处理，使数据呈现出一定规律。

大数据信息资源组织流程图如图 10 所示：

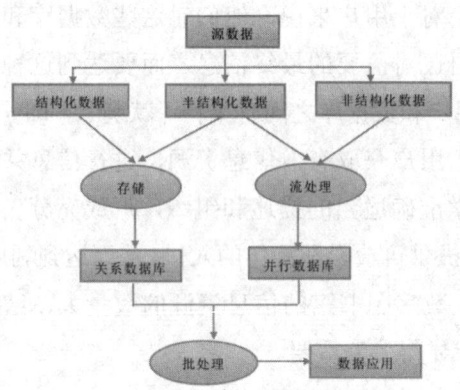

图 10　大数据信息资源组织流程图

3. 信息资源组织方式

数字图书馆信息资源包括馆藏信息和网络信息资源。馆藏信息包括实体信息资源和虚拟信息资源。网络信息资源的范围比较广，凡存储在互联网上的信息都可以成为网上信息资源，包括电子出版信息、用户浏览网页产生的信息。

馆藏信息和网络信息发展到一定程度会使数据呈几何倍增长，形成大数据。目前的主题树方式、数据库方式、文件方式和超媒体方式等信息资源组织不能满足从大数据中及时高效分析和挖掘出有用的信息，所以要将大数据的组织引入数字图书馆信息组织中来，更好地为用户提供服务。大数据组织方式包括流处理和批处理。这两种方式主要是针对非结构化数据进行信息资源组织。

（四）基于大数据的数字图书馆的信息资源检索

大数据的出现对数字图书馆信息检索影响很大，大数据时代数据的更新速度非常快，如何快速处理这些快速更新的数据、为用户提供最新的检索信息成为基于大数据的数字图书馆信息检索服务的难点。

1. 基于大数据的信息检索的现状

信息检索是数字图书馆信息服务的必不可少的核心部分，数字图书馆的易用性很大程度上是通过信息检索系统体现的。由于数字图书馆的数字化信息资源类型丰富，不受时间、空间、地域的限制，加大了信息检索服务的难度。随着信息技术和时间的流逝，这些数字化信息资源会越来越多，且数据的类型越来越丰富，在这种情况下如何进行信息检索服务呢？这就需要将大数据处理技术应用至数字图书馆检索服务中。目前学界对数字图书馆的信息检索研究已趋向成熟，而基于大数据的数字图书馆信息检索服务的研究并不多。

2. 大数据环境下信息检索的特点

大数据环境下，数字图书馆信息服务的核心是面向用户信息需求为用户提供个性化的信息需求。基于大数据的数字图书馆信息检索的特征：

（1）个性化搜索

数字图书馆信息检索是建立在对用户信息的收集的基础上进行分析，这种用户信息包括用户的个人信息、学习信息和行为信息（研究信息）。通过对这些信息的挖掘准确定位用户的信息需求，根据现有的技术主动为用户提供信息推送服务。搜索引擎必须具备智能化，能根据用户输入的关键词将检索的结果按照相关度的高低呈现给用户，即在保证查全率的同时要提高查准率，这就要求搜索引繁具备基于语义的分析能力和智能化的人机对话功能，以及搜索引擎的快速反应能力。用户在收集或浏览信息的时候会留下痕迹，以及搜索引擎可以对这些信息进行追踪、挖掘、预测出用户的信息需求。对用户的信息需求的变化能快速及时地做出反应，真正实现用户个性化信息检索。

（2）实时优化需求

大数据环境下，数字图书馆的数字化信息数量大、种类多、数据价值联系低、处理速度快、效率高，而且数据结构复杂，不仅有结构化的数据，还有半结构化的数据和非结构化数据，而且非结构化的数据所占的比例越来越大，使得信息更新的速度越来越快。基于以上情况，图书馆应该根据用户检索需求变化和数据环境更改，对搜索引擎进行实时优化。

首先，图书馆要对搜索引擎进行定期评估，主要包括搜索引擎的运作效率和反馈结果的可用性，来提高搜索引擎对高价值数据所在的网站的查全率和准确性，保证用户对自己搜索结果的满意度。其次，数据检索要以用户为中心，检索的结果要以用户的需求和数据价值进行排序，而不是以网站的知名度、用户的点击率等排名。最后，图书馆要以面向用户的数据搜索习惯更新搜索引擎来满足用户的实时化信息需求。

（3）移动搜索需求

在大数据时代，随着海量数据的出现，用户获取信息的方式也在改变，用户期望获取信息不再受时间、空间和方式的限制。为了满足这种期望，除了数字图书馆能够 7×24 小时提供数字信息资源，用户还要有能够浏览、阅读数字信息资源的终端。

（4）智能化需求

基于大数据的数字图书馆信息检索服务的特征是精准定位用户的信息搜索目的，快速制定出检索策略，并将检索结果快速反馈给用户。第一，图书馆应实现搜索引擎"机器学习"的智慧功能。这种智慧功能主要表现在搜索引擎可以根据用户输入的关键词和表达习惯等，准确定位用户真正的信息需求，将检索的结果按照相关度排序后反馈给用户，并将与检索的关键词相关的信息也反馈给用户。其次，搜索引擎应通过"机器学习"过程，除了满足文字的智能检索，还要扩展到图片和视频数据的智能化检索，并对检索到的信息进行恰当表达，进行语义分析、图片分类与存储，实现用户随时检索随时能得到满意的结果。最后，搜索引擎要具备更新功能。在大数据的平台中数据会实时更新，搜索引擎要具备当这些大数据引进时能实时自我补充和完善，保持相关数据的动态更新，从而确保检索结果的准确性、全面性、实时性，提高用户信息检索的满意度。

随着信息技术的发展，大数据时代背景下，图书馆的数据信息管理工作迎来了新的变革和发展机遇，为图书馆的数据处理和储存提供了更多的可能性。同时，有效提高了图书馆信息处理管理工作的效率和质量，加强传统图书馆服务理念的变革和创新。大数据信息设备的应用，对有效地促进图书馆行业的建设发展，为读者提供更好的服务，满足市场发展的要求具有重要的意义。

第五章 数字图书馆信息资源建设

第一节 图书馆的馆藏资源

一、图书馆馆藏资源的多元化发展

馆藏资源建设是图书馆工作的核心，也是图书馆提供服务、实现功能的物质基础。离开了丰富的馆藏资源，再好的建筑、再漂亮的设计、再舒适的借阅环境也只是摆设。合理的馆藏结构、独具特色的馆藏资源才是一个图书馆的灵魂所在。

从提供服务的角度来看，实体文献馆藏已经暴露出种种物质材料自身的局限，如：复本有限、空间唯一、容量有限、易损耗、传递不便，使资源共享在可以分享的人群数量和人均可使用时间上均显局促；单个图书馆的实物文献储藏能力有限，往往不能满足人们迅速扩展的阅读需要。而与之相比，网络平台上的数字化文献则表现出无限广阔的应用前景：在法规许可的范围内可以多次不失真地复制，数字化存储方式体积小、存量大、易保存，在网络可及的地域内可以超越地理限制进行远程巨量快速传输，可以提供文、图、音、连续画面、立体视角等多种媒体相结合、相补充的信息综合整体。网络同时也提供了超大规模的交流平台，可集结空前规模的人群，提供超过任何个体的图书馆馆藏的文献信息，吸纳世界各国各种民族等的鲜活思想，引导它们进行激烈碰撞。

在这一背景下，图书馆馆藏必然产生了新的含义：馆藏不再仅仅是对文献的物质拥有或所有权占有，馆藏概念的核心将日益超越文献的承载者——物，而更加贴近文献的本质，即物所承载的对象——信息。在数字化的时代，文献的符号已转化为可以在电子空间流动的比特（bytes）。

馆藏资源的本质是经过收集、整理、甄别和组织后，可资利用的信息，无论它依附于什么样的载体，通过什么样的途径，这一本质并没有变化。但由于网络时代和数字化时代的到来，图书馆馆藏资源建设却有了新的含义，即必须根据本馆的服务目的制订相宜的建设规划与方案，合理地调动、配置各种物质资源及人力资源，在更广泛的领域内，有计划、有针对性地收集依附于各类载体或途径上的信息，并加以整理、甄别和组织，提供给所需要的人。馆藏资源建设已上升成为一种超越有限物理空间和固定物质载体局限的信息资源建设，这已成为图书馆界的共识。

在图书馆传统的文献收藏范围中，基于保存条件、利用条件、维护成本等原因，纸质文献的书、刊、报一直是图书馆的主要馆藏，但数字化资源的包容性打破了这一传统。各种文献信息、多媒体资源都可以方便地通过数字化形式加以保存和利用，网络的普及又为这些资源的流通提供了最方便的渠道。这引发了图书馆文献收藏范围的重大变化。各种视听资源、网络资源、大型数据库等逐渐占据了馆藏和服务的重要位置，在文化传承、大众教育、专业服务等方面发挥着重要作用。可以说，数字资源改写着图书馆馆藏的含义，现代图书馆馆藏正走向多元化。

二、现代图书馆常见的馆藏资源形式

（一）纸型文献

这是传统文献最主要的存储载体，也是目前有着最完整、最严密、最发达的生产体系的信息承载形式。它是迄今为止文献的主要类型，也是目前全世界图书馆文献的主体部分。纸型文献与其他文献相比还有着携带较为便利、使用不依赖其他专用设备的优点。纸型文献仍将是今后很长一段时间内文献的主要出版形式之一，也仍将是图书馆的主要收藏形式。但因数字化文献具有突出的使用优势和数字化阅读设备轻量化、低成本化发展趋势，纸型文献正面临着巨大的挑战。

（二）缩微型资料

这是以照相技术为核心的一种文献复制方式。1839年，英国人丹塞（B. Dancer）利用照相技术制成了世界上第一张缩微制品，开创了缩微技术的先河。到20世纪30年代左右，缩微制品逐渐成为图书馆馆藏的一个重要组成部分，缩微型文献成为图书馆第三类主要文献类型。在计算机信息处理技术普及之前，图书馆文献资料的缩微化曾经是图书馆信息技术发展的一个主要方向。缩微资料具有密集型存储信息的优点。

（三）机读资料

机读资料和缩微资料与纸型文献相比都有着较为经济的特点，但其使用需要专用阅读设备，如专用放大机或转读机，并且要求阅读者具备一定的专用设备使用技能。这些专用设备功能较为单一，普通读者不可能大量自行配备，只能来馆使用，因此不适合提供出借服务，读者也不能自主安排阅读利用。缩微资料主要用于纸型文献制作成本过高、使用率较低的重要文献。这些文献目前也大量地以数字化方式进行制作、存储。

（四）视听资料

听觉是仅次于视觉的人类重要的信息接收功能。有关研究表明，人类所接收的信息，70%是通过视觉实现的，20%是通过听觉获得的，而视觉接受的信息中又大量的是以运动形式反映出来的。这些运动的视觉信息和声音信息是无法用文字及静态图片描摹或复制的。随着科学技术的发展，人们发明了各种记录运动图像和声音的方法，丰富了人类记录自身文化、创造新的文化产品的手段，从而录制并创作了大量极其宝贵的视听资料，弥补了文字无法揭示、反映许多信息的缺憾。因此，视听资料很久以来已经成为图书馆的主要收藏对象品种之一。现代技术使视听资料的利用变得越来越经济、方便，并已成为图书馆最受读者欢迎的文献形式之一。目前，视听资料也已广泛地采用了数字化方式制作、存储。

（五）光盘资料

光盘资料是计算机技术发展的重大成果之一。作为一种先进的存储手段，它是由计算机把文字、图片、视听信息等转换成数字信号，并以光盘形式记录下来的。和传统文献相比，它有轻量化、高密度、大容量和能够记录多媒体信息的优点。和目前其他数字化记录方式相比，它又有着安全、易保存、物权明晰、适应传统交易方式的优点。目前，光盘资料的生产在世界范围内已形成了极为庞大、专业、严密的生产体系。光盘资料已成为数字化文献最重要的生产和交易形式,也是图书馆数字化文献集藏的主要形式之一。在今后相当长的一段时间内,它仍将是数字化文献的重要载体。

(六) 网上文献资源

国际互联网技术的飞速发展为人类文化提供了一个空前巨大的交流空间,为所有愿意提供信息和愿意获得信息的人提供了一个跨越时空障碍的桥梁。今天已有数千万个网页在随时发布各种内容、各种形式、各种门类、各种层次的信息,数亿人经常在网上查找信息、相互交流。这些信息有的储量巨大、组织完善,有的突破了传统文献生产周期、发布时间滞后的缺憾,及时传递着最为新鲜的活思想。有的信息提供者还可以随时接受浏览者的反馈,进行即时的双向互动的交流。网络本身已成为一个最大的信息集藏地,是一个藏量无比丰富的图书馆。

但是,网络无限自由的生命力也决定了它不可能自然地形成有效的严密的信息组织体系,每天都有新的网页在诞生,也有旧的网页在更新或消失。怎样在网上找到切合自己需要的丰富信息是一个难题。而图书馆应该义不容辞地承担起导航员的任务,对网上信息进行搜集、筛选、组织、编目。从而把读者指引到他所需要的站点,并为他们记录下那些有价值的信息。

总之,数字化文献已经呈现出了十分丰富的类型,并已形成了庞大的生产规模,它在图书馆馆藏中所占的比例和地位仍将持续上升。追踪数字化与网络技术的发展,加强数字化文献资源建设是图书馆在今后得以生存并取得更广阔的事业发展的必由之路。

传统文献是人类文化的传播载体,积蓄着千百年来人类思想的宝贵矿藏,也有着数字化文献不能完全取代的现实意义。它们和数字化文献一起构成了图书馆馆藏资源的整体。

(七) 数据库

在数字图书馆中,数字信息资源需要以一定的方式组织起来方可被利用,并成为有效的资源。数据库就是数字信息资源的基本组织方式。数据库是一种数字化文献的组织形式,它把大量的信息按一定的规则加以组织、编排、存储而成的。有的数据库存储在光盘上,成为光盘资料的一种;有的建立在馆内硬盘上;有的则放在国际互联网上提供远程服务。数据库具有容量大、索引编排完善、便于大量存储信息并能进行快速搜索的特点,非常适合图书馆的业务管理和服务功能的实现,已成为当前最强有力的信息组织形式,是图书馆最常用的数字化馆藏资源。人们可以从中方便、及时、快速地检索出需要的数据或文献信息。数字图书馆建设必须进行数据库建设,没有数据库就没有数字图书馆。英文 Digital Library 一般被翻译为数字图书馆,但是有专家认为这个翻译是不准确的,应该翻译为"数字资料库"。因此,数据库是数字图书馆的生命、核心,数据库建设是数字图书馆建设的最主要的工作。

根据不同的划分标准,可以把数据库区分为不同的类型。按数据库的性质可以区分为文献数据库(包括书目数据库和全文数据库)、数值数据库、事实数据库等;按数据库的结构模型可以划分为层次模型数据库、网状模型数据库、关系模型数据库、面向对象模型数据库等;按数据库内容的专业可以区分为综合性数据库、专业性数据库和专类性数据库;按媒体信息可以区分为文本数据库、数值数据库、声音数据库、图像数据库、视频数据库、多媒体数据库等;按信息处理的深度层次可分为书目数据库、文摘数据库和全文数据库,等等。

图书馆服务体系其实质就是文献信息服务。文献资源是相对于天然资源的一种社会智力资源,是物质化了的知识财富,是人们迄今为止收集积累下来的文献资源总和,具有再生性、积累性、可见性、冗余性、共享性和价值潜在性等特点。而文献信息资源是由馆藏资源和文献资源发展而来的。网络环境下的文献信息资源建设既包括文献型的实体馆藏资源建设,也包括数字馆藏资源数据库的建设,还包括对网络信息资源的开发和组织的虚拟馆藏资源。图书馆的文献信息资源建设的内容主要包括文献信息资源的采选、编目、管理、保存等。

在新的图书馆业态环境下,图书馆的馆藏资源体系不仅包括以模拟形态存在的文献信息资源,而且还包括越来越多的以数字形态存在的数字信息资源。数字信息资源包括联机检索信息资源、因特网信息资源,以及图书馆依托本馆馆藏,独立或与其他单位合作开发建设的数字信息资源。数字信息资源数量大、类型多,而且具有广泛的共享性,用户借助计算机系统、通信网络等可以随时访问使用。数字信息资源建设无疑是今后图书馆服务体系信息资源建设的核心内容。

第二节 图书馆信息资源整合

信息资源整合是对现有信息资源进行重新组织，调整信息资源结构，实现信息资源配置最优化和提高信息资源利用效率的活动。将成员馆的馆藏资源加以整合，为用户提供一站式检索服务是实现服务体系信息资源共享的重要手段。图书馆服务体系信息资源整合的内容包括书目信息资源整合、数字信息资源整合、异构信息资源整合。

一、书目信息资源整合

受文献信息资源资产权和数字信息资源使用权的限制，目前图书馆服务体系信息资源整合的重点是各成员馆馆藏书目信息资源的整合，整合方式包括统一整合与分散整合。①统一整合。由总馆／中心馆按照统一的文献标引和著录规则，为成员馆原有的馆藏资源制作书目数据，并上传至本地联机书目数据库。统一整合能够充分发挥总馆／中心馆的人才和技术优势，保证回溯性书目数据的质量。②分散整合。成员馆根据统一的编目原则，对其原有的馆藏资源重新自行分编，总馆／中心馆负责审核书目数据，并将其上传至本地书目数据库。分散整合有利于调动成员馆的积极性，减轻总馆的工作负担，提高回溯编目的效率。

二、数字信息资源整合

数字信息资源整合通过中间技术将各种数字信息资源整合为一体，为用户提供一站式集成检索服务。数字信息资源整合的方式主要有基于数据的整合（数据整合）、基于信息的整合（信息整合）、基于知识的整合（知识整合）。国内很多图书馆服务体系都使用统一的图书馆业务管理系统，如"智慧2000"系统和"Interlib 图书馆集群管理系统"等。这些系统大都具有数字信息资源生产和加工、存储管理、检索调用和输出等功能。图书馆服务体系可以此类系统为平台，从成员馆数字信息资源的数据整合入手，通过系统功能的升级或者新型数字技术的应用，逐步向信息整合和知识整合过渡。

三、异构信息资源整合

异构信息资源整合是不同载体和不同类型信息资源之间的整合，是图书馆服务体系信息资源整合的终极目标。我国公共、教育、科技系统图书馆合作建立的首个跨系统文献资源共享平台——珠江三角洲数字图书馆联盟，已经开始了整合成员馆各种异构资源的探索。珠江三角洲数字图书馆联盟通过三个步骤实现对成员馆信息资源的整合：元数据挖掘存储管理，措施包括元数据收割、分析、建模、存储；全文搜索引擎与导航，实现元数据搜索、跨库检索、全文搜索、资源导航；资源调度，开展联盟的资源链接、调配、管理、分发服务。图书馆服务体系可以借鉴珠江三角洲数字图书馆联盟的做法，基于公共服务平台的搭建和元数据的建设，整合成员馆中各种载体和类型的馆藏资源，升级地区性的信息资源服务。

第三节 图书馆资源建设的原则与规范

一、图书馆信息资源规范

数字图书馆的建设必须建立和遵循关于数字化加工、资源描述、资源组织、资源可操作和资源服务等方面的标准和规范，才能保证其可使用性、可操作性和可持续性。因此，标准与规范建设，是数字图书馆系统建设高效、经济、可持续的根本保证。

"数字图书馆标准与规范建设"项目针对数字图书馆系统的数字资源建设与服务，按照数字资源生命周期过程制定相应的标准，将完成以下任务：

依据我国数字图书馆建设标准规范发展战略与标准规范制定的数字图书馆核心标准规范体系，包括数字资源加工规划数字对象唯一标识符规范、数字资源检索规范、资源集合元数据监测等当前急需的标准规范。

建立数字图书馆标准规范开放建设与开放应用机制，包括开发建设组织管理机制、元数据规范开放登记系统、数字图书馆标准规范建设开放网站。

（一）印刷型纸质文献信息资源的规范

传统文献信息领域的标准与规范。诸如著录规则、标引规则编目条例、机读格式、计算机书目数据交换格式，大多有相应的国际标准，在进行文献信息加工时，应严格参照执行。譬如，在进行书目数据加工时，一律以 CNMARC 格式为书目数据库的标准格式，西文以 USMARC 格式著录，统一文献承标准。在书刊著录方面，应遵循已有的《普通图书馆著录规则》《古籍著录规则》《连续出版物著录规则》等标准；在文献标引方面，以《中国图书分类法》《中国分类主题词表》为标准在数据库中，建立规范文档，避免伪造或检索的不准确，为大范围的资源共享做好前期准备工作。

（二）电子多媒体网络信息资源的规范

网络信息资源共享的技术平台是指网络环境下信息资源共享活动中的计算机和通信体系结构，包括计算机系统（硬件）、系统软件和应用软件及通信网络。资源共享平台建设的关键是要解决好规范问题和标准问题，网络规划要兼顾当前需要和长远发展。要着眼于国际接轨，要为未来发展预留空间；

网络标准则要侧重兼容和规范化，确保国际准则、国内标准以及各行业系统条例和细则的兼容。确保用户界面、数据格式、数据库建设规则、信息交损协议等的统一。由于技术平台的建设是一次性或周期性的，因此，当技术平台建立起来后，在相当长的时期内面临的主要是技术平台的维护和改进问题。所以，技术平台的规划、选型和配套建设一定要有前瞻性，即从长远着眼，尽量关注技术的先进性和兼容性，以便一步到位，为资源共享奠定良好的物质基础。

二、图书馆资源建设的原则

（一）将读者放到首要的位置

图书馆的本质是为人们提供阅读服务的场所，应主要发挥其文献信息资源的功能，为提升人们的文化素质和道德修养水平而努力。因此，我们可以看出，图书馆应将读者放在首要的位置，尽可能地满足读者吸收知识文化的需求。

（二）突出特色服务的重点

高等学校的图书馆主要是根据各校的学科建设进行资源的分配，主要与学校的专业和学科有关。因此，不同的图书馆应放置具有不同特色的重点图书。例如，一些重点科研的高等学校应针对本校的主要科研方向和任务购入与此相关的重点书籍；艺术类学院的图书馆应多收藏与艺术理论、艺术作品有关的图书、电子资料；实践类高等院校要增加与社会实践、操作实践有关的书籍。

（三）最大限度地实现资源共享

相对来说，图书馆拥有的资源还是较为有限，很难照顾到所有读者的需求。因此，各个图书馆之间应实现资源共享，打破原有的以单位为范围的资源交换，而发展成为一个多网链接的、相互交换的图书资源共享体系。尤其是对于具有地方特色、较为稀缺的图书资源，应实现多图书馆的资源共享。

（四）将收藏作为使用的基础

由于我国的图书馆从古代的藏书楼发展而来，所以难免会存在着"重藏轻用"的思想。但是，随着时代的发展，人们对知识的需求更加迫切，图书馆应适应时代的需求，将书籍的使用功能放在第一位，将藏书作为使用的基础，为人们提供具有实用功能的图书。

第四节 "互联网+"思维下的图书馆信息资源建设

随着科技的进步，互联网的内涵与外延越来越丰富，呈现出 Web1.0、Web2.0、移动互联网以及物联网、云计算、大数据等形态，对整个社会经济的变革与重组产生了深远的影响，涉及社会发展的不同领域。网络信息呈几何级数增长，很多未知的知识得以被发现和挖掘。海量的数据不断生成，知识、信息、数据等流动加剧，不分国界、地域、身份、民族、性别等，形成一系列的资源流、技术流、资金流、人才流，信息资源逐渐成为重要生产要素和社会财富。信息资源与图书馆息息相关，互联网的发展引领图书馆资源与服务的变革。特别是"互联网+"行动计划的兴起，以及"互联网+"思维的呈现，必将引起图书馆信息资源建设的转型，融入"互联网+"信息资源建设后的图书馆事业将获得健康、稳定、可持续的发展。

一、"互联网+"思维背景下的图书馆信息资源建设的发展措施

"互联网+"思维背景下，图书馆服务与信息资源建设均发生了极大的变化，通过对图书馆信息资源建设研究，能够大幅度拓展图书馆信息资源管理研究视野，重新审视图书馆信息资源建设的现实意义与价值。以"互联网+"技术与思维，即连接一切、平台思维、用户体验、跨界融合、开放获取等，图书馆信息资源建设不再局限于纸质资源的采购，电子书已成为未来信息资源整合的重点，各种电子资源与纸质资源之间能够实现互联互通、智能互联等，通过线上线下提供互动和实时服务，增强用户体验和互动，为用户提供各种信息资源服务。

1. 跨界融合

"互联网+"思维背景下，跨界融合在图书馆信息资源建设中呈现多元化发展趋势。①传统图书馆通过互联网工具与思维，应用"图书馆+"的概念，把图书馆看成一个平台，加上各种各样的单元。②图书馆文献采访主体由馆员跨界到用户，提倡用户参与资源建设，开展用户资源荐购活动。③以用户

需求为导向，从线下跨界到线上，网上书店与实体书店相结合，电子书与纸质图书同步采购，完善馆藏资源建设。④图书馆也可以实现各种行业跨界，把复本量较多的图书拿出一部分，与咖啡屋、商场、银行、博物馆、档案馆、美术馆等合作，分享交流知识。以上各种跨界行为，要求图书馆管理者转变思想观念，把"互联网+"思维引入图书馆信息资源建设中，以用户为中心，广泛地开展各种用户体验，想尽一切办法向用户开放信息资源采购权，采取有力措施吸引用户参与信息资源采访中来，尤其是图书采访工作，即图书采购按用户需求，量身定制。这种定制必须建立在各类型数据分析基础之上，例如用户阅读行为，分析出用户的普遍需求和个性需求，为图书采购工作提供科学、合理的数据支撑。同时，图书馆选择适当的信息资源内容举办形式多样的体验活动，例如吸引用户参与数据库采购的问卷调查等。

2. 用户体验

用户体验主要体现为向用户开放信息资源采购权。传统图书馆信息资源建设大多数围绕着资源本身展开服务推广，而基于"互联网+"思维的图书馆信息资源建设更多的是从用户出发。①"去中间化"。"去中间化"充分考虑用户体验，吸引用户直接参与资源荐购。用户荐购是比较流行的一种"去中间化"的表现形式，既方便用户参与信息资源建设、体现用户主人翁意识，又便于采访人员了解用户需求，使资源建设更符合用户的资源需要。荐购方式有荐购系统（图书馆 OPAC 系统推荐、威博林 Weblink 图书推荐系统、海外图书荐购系统 PSOP、汇文系统等）、网上荐购服务（表单荐购、访问中外知名出版社网址、网上书店等）、现场荐购（馆配会、书展、图书馆现场采书等）。例如，2014 年 5 月，内蒙古图书馆开展"彩云服务"即"我阅读，你买单，我的图书馆，我做主"活动，把图书送到图书馆现场展示，用户可亲临现场挑选自己喜爱的图书，由图书馆买单。该活动是内蒙古图书馆自主研发公共文化服务体系中用户、书店、图书馆集"借、采、藏"一体化服务管理平台，将图书馆和书店的资源集成整合动态数据的云服务。②"一键触发"。"一键触发"就是在图书馆检索输入关键词，根据书目推荐，用户只要点击一个键，就会非常方便快捷查询到自己所需图书，然后提交荐购表单即可。③PDA（用户决策采购，Patron Driven Acquisition）。PDA 类似于"一键触发"模式，例如佛山市图书馆"新书借阅处"就采用"PDA"运行模式。

3. 信息资源共享服务平台

由于一些互联网平台打破了原有简单的信息检索模式，以用户需求为驱动，开展一系列的信息资源整合，赢得了用户的认可，对图书馆信息资源整合产生极大的冲击。例如谷歌数字图书馆，与图书馆和出版商合作，大量扫描图书资料，用户可以利用谷歌图书搜索功能在线查询图书信息。再如"百度学术"涵盖了各类学术期刊、会议论文等，为用户提供良好的科研体验，其功能包括学术搜索、文献互助、论文收藏、学术订阅等。图书馆管理者应该认清基于"互联网+"思维的图书馆信息资源整合的紧迫性，及时转变思想观念，开拓进取，采取可行措施，抢占先机。图书馆管理者熟悉并掌控信息资源流动的规律，借鉴以谷歌数字图书馆、百度学术搜索等为代表的互联网平台的成功经验，积极主动地培养其组织的网络资源与经验的积累能力，关注图书馆本身资源的特色价值。建议由各级图书馆学会、高校图工委等单位牵头，搭建基于"互联网+"思维的信息资源共享服务平台，并联合出版社联盟、馆配商联盟、图书馆联盟等组织，根据相关约定，统一制订图书主题纲目表，可以划分成一、二、三、四级，相应地配置参照和注释，还需要附上若干个非主题参数，说明图书出版的基本情况，如用户对象、学术水平、类型、版次等。在平台公布，及时补充与更新。该平台采取统一检索方式，包括简单检索和高级检索两种类型。该平台还可以与其他图书馆、出版社、馆配商的博客、微博、微信等无缝链接，进一步集成与揭示资源，以便快捷、方便实现资源个性化荐购、定制、推送等功能。

4. 信息资源智慧化与智能化

图书馆智慧化、智能化是"互联网+"背景下的图书馆信息资源建设发展的有效工具。①信息资源智慧化。图书馆利用互联网技术、物联网技术等，实现用户感知信息资源，实现了机器设备和服务系统从自然思维向智能思维的转变。智慧互联包括"资源+馆员""用户+馆员""馆员+馆员""用户+资源""用户+用户""资源+资源"的立体网络数字互联。以尊重人性为思维前提，达到图书馆信息资源的互通互联。②数据共享。数据开放与共享是图书馆信息资源建设的必要前提。图书馆信息资源建设的重点在于对资源价值挖掘的效率和总量，进而持续不断地提高信息资源利用率。"互联网+"思维与图书馆信息资源建设的转型呈现出多样化、动态性的发展。图书馆应将以读者服务功能为中心转变到信息资源价值为中心上来。③"连接一切"的信息资源建设生态圈。图书馆信息资源建设生态圈中人才、资源与服务的聚合,通过强化三者之间的连接,以信任为纽带,形成"线上建立连接,线下形成互动"的模式,提升生态圈中馆员与用户的价值认同。图书馆信息资源建设生态圈中人才、资源与服务之间的连接需要依托一定的业务模式,即重构业务创新模式,围绕用户创设业务流程,逐渐搭建以人为本、"连接一切"的图书馆信息资源生态圈。另外,知识产权问题是数据管理与共享的重要保障,数据管理标准与数据知识产权本质上具有辩证统一、互为基础的关系。所以,基于"互联网+"思维的图书馆信息资源在建设发展过程中,必须重视知识产权保护,尊重并维护作者、出版者、数据库公司的知识产权利益。

二、"互联网+"下图书馆资源建设的主要信息技术

(一)图书馆资源建设的信息技术支撑

1. 大数据和云计算

大数据为云计算提供了分析和挖掘的数据基础,云计算能够深入挖掘大数据背后的信息和资料。大数据已变成了信息集合的另一种称谓,它通常是指在可容忍的期限内,无法利用传统技术和软硬件工具存储、应用、管理相关的数据集。它具有种类多、生成快、体量大等多种显著特征。云计算指以互联网为依托而提供服务的一种超级计算机模式。它涵盖两个层面,首先以互联网为重中之重,其次为读者提供个性化的文献信息和阅读资源定制服务。用户通过智能手机或计算机进入图书馆数据中心,享受图书馆的阅读服务。大数据技术可以收集到更多的阅读资源,云计算技术能够对数据集进行有效挖掘,发现有价值的信息,提取其中的价值需求,实时匹配读者对阅读资源的需求,主动迎合用户的阅读口味。它有利于促进图书馆阅读资源的合理配置,有效满足读者的阅读需求。

图书馆可以通过云计算技术对用户的结构性数据与非结构性数据,以及对已经拥有的、可使用的各种大数据进行深度挖掘和回收利用。河南大学图书馆利用云计算技术分析和挖掘本校充足的用户资源和信息资源,自觉结合用户的专业课程学习、实践教学或工作、学习习惯、研究兴趣等需求,为用

户进行内容推荐和信息定制服务。它能够充分利用人机交互界面提供信息资源的选择、推荐、预判等，深度把握用户的阅读服务意愿和内容需要。

2. 移动互联网

移动互联网是 PC 互联网持续进步的产物，能够把互联网和移动通信有机结合起来。它兼具互联网互动、分享、开放和随身、随地、随时移动等多种优势。以宽带 IP 为核心技术，能够同时为用户提供多媒体、图像、视频、音频、数据、传真等多种服务。借助移动互联网，能够建设随时随地为用户提供阅读服务的移动化、数字化、智慧化图书馆。

早在 2015 年，国家图书馆和京港地铁公司共同发起了"M 地铁·图书馆"业务，这也是国内第一家地铁图书馆。它借助移动互联网向乘客推荐各类电子书。这也是公共文化服务机构积极作为、向乘客提供公共文化服务的重要举措，致力于优化人们的阅读体验，利用移动互联终端办理图书阅览、信息获取业务。如今，借助新媒体技术、移动互联网技术，数字图书馆建设取得了重大进展。它可以让读者随时随地阅读、聆听、分享图书，满足用户的阅读需求。源源不断地信息技术创新和运用，提升了图书馆在数字时代的服务水平。

3. 全媒体技术

全媒体涵盖了电视、广播、报纸、杂志、互联网、新媒体等各种媒体，具有网络化、数字化、全天候、全空间等多种优势，可以结合用户的不同需求，及时调整传播渠道、方式和宣传手段，为大众提供精准化、个性化的阅读、浏览、观看服务，同时实现了读者和观众在接收信息的同时可以参与信息的制造和传播活动。它可以借助流媒体技术、互联网技术丰富信息容量、优化信息载体与传播技术，进而持续提升传播效果和服务质量。

全媒体技术可以为图书馆打造新媒体通道、构建资源服务平台，提供慕课课程和开放性馆藏资源，促进数字资源的共享。要准确定位馆藏资源建设的能力和水平，构建一定层次的资源保障机制，以全媒体信息的广泛传播提升图书馆阅读服务的影响力和号召力，吸引更多读者享受阅读服务和文献信息资源。构建针对不同学科、不同门类的数据资源库，并按照有关数据格式和标准打造特色专题数据库。借助元数据整合科技，为用户提供一站式数字资源关联检索服务和下载服务等。图书馆要将虚拟、实体馆藏资源有机融合在一起，优化馆藏资源结构，科学审查全媒体提供的阅读资源内容和信息质量。要创设优良的阅读环境与有效的媒体传播制度，以正确的媒体舆论引导读者的阅读方向。

4. 区块链技术

区块链技术是数据库体系技术，可以对虚拟货币（以比特币为代表）实施加密，事实上它是基于分布式网络而建立起来的一种共识合作机制数据库。它是一种全新的分布式计算模式和去中心化架构，可以借助大数据平台的工作证明机制与Hash算法等，对呈现出爆炸式增长的大数据进行管理、计算、存储和流通。云平台受益于区块链技术提供的软件、硬件等，能够塑造循环式数字资源环境，既能满足数据库系统本身的云计算需要，又能够为系统之外的用户提供服务。

数字图书馆系统中运用区块链技术的主要形式有：

①小型链。它只能连接几个特定系统，环节少、构成小、易于管理，然而也受到封闭性、排他性、数据量小等因素的约束。②部落链。这种区块链形式指的是大部分系统为实现共同目标而出现多系统合作的态势，特点是协作分布细致、范围广泛、数据量大等，有利于强强联合的实现与发展。③共享链。它指的是全部系统均连接到数据链进行共同协作。但它牵涉到数字图书馆系统的整体运作状况，在系统维护方面的难度非常大。区块链技术正在形成和发展之中，难免会出现问题。不少学者保留了其分布式存储的功能，又将中心控制权限体系引进来，对数据公开程度实施有针对性的权限管理，发挥其保护隐私和防伪功能。

（二）信息技术支撑图书馆资源建设的优势

1. 优化馆藏资源配置

信息技术的支撑有利于图书馆参与图书馆联盟内的资源共享，有助于图书馆引进文献信息保障机制。可以以各种可用的信息技术为抓手有效优化馆藏资源配置，使地理位置不同、性质不一、资源优势各异的图书馆密切联系起来，互通资源有无。图书馆要持续更新馆藏文献资源的理念，使纸质馆藏资源和电子馆藏资源彼此取长补短，做到优势互补，进而促进馆藏资源的优化配置，同时规避资源浪费和重复建设。图书馆应摒弃文献资源自给自足的传统模式，把本馆资源融入本地区、本系统与全国图书馆系统的文献资源保障机制中。

2. 改善读者阅读体验

图书馆利用大数据、云计算、移动互联网、全媒体、区块链等先进信息技术，在线搜集用户的信息行为数据，深入分析他们的阅览习惯和偏好，判断读者的阅读需求并推送有针对性的文献信息。借助校园网、无线网，能够提升读者获取和使用文献资源的能力，改善他们的阅读体验。通过深层次加工与整合互联网世界的丰富信息和资料，能够形成馆藏特色文献数据。读者借助图书馆客户端、微信公众号、图书馆官网等多种渠道，获取更加个性化的阅读资源，能够满足自身个性化的阅读需求，增强自身的阅读愉悦感。

3. 提升人技融合能力

高素质的馆员队伍与信息技术的有效融合是必不可少的条件。图书馆要通过定期培训、再教育等多种方式强化馆员队伍的信息素养，提升其为读者阅读服务的能力。馆员只有掌握和熟练运用大数据、云计算、移动互联网、全媒体和区块链技术，才能持续强化自身信息素养，提升自身的业务能力和服务水平，为图书馆馆藏资源的推广和利用提供有力的人才保障和信息技术支持。

三、"互联网+"时代馆藏资源共享

（一）"互联网+"时代馆藏资源共享的问题

1. 信息资源问题

图书馆馆藏资源共享的实现是以信息资源为前提和基础的，不仅要实现信息资源的海量化，同时还强调信息资源的标准化、可持续化。从标准化的层面来看，即要求各图书馆之间的信息资源在数据元标准、信息分类与编码标准等方面按照统一的标准挖掘、整合和编排，实现信息资源数据的标准规范化，以确保信息资源共享的兼容性。从可持续化的层面来看，即信息数据采集通道要稳定、畅通，信息数据更新要及时、定期，以确保用户能获取作为信息源的数据服务。然而，从现有的情况来看，图书馆馆藏资源共享建设要实现标准化和可持续化面临各种问题，各图书馆在线服务平台建设水平参差不齐、信息技术更新过快而引发数据共享难以实现，导致用户在信息检索时存在耗时长、操作烦琐、响应不及时等问题。

2. 用户参与问题

用户参与是图书馆馆藏资源共享建设的基本保障。图书馆馆藏资源共享的最终受益者是用户，而用户是否参与资源共享将直接决定馆藏资源的组织结构问题。从现有情况来看，图书馆馆藏资源共享存在用户参与度低的问题，导致共享建设中无法精准把握用户资源共享服务的需求和变化，从而难以有针对性地丰富信息资源、优化服务项目、创新服务产品和更新服务技术，以期最大限度地实现用户在馆藏资源共享中的收益公平和利益均衡，最终影响了资源共享的步伐和进程。

3. 信息技术问题

在"互联网+"时代，图书馆馆藏资源共享依赖于先进的信息网络技术，如大数据技术、云计算、物联网、人工智能、管理系统等，能否把最先进的信息技术嵌入馆藏资源共享建设中，将直接决定馆藏资源共享的质量和效果。然而，要实现这一点，必须要在人力、物力和财力方面做好保障，尤其是在资金保障方面，资源数字化、设施投入、技术更新、软件升级以及共享系统建设都需要充足的资金投入。但由于各方面原因，部分图书馆并未获得足够的资金支持，以致技术更新难以实现标准化要求。同时，图书馆馆员存在观念滞后、知识老化、创新意识薄弱等问题，与馆藏资源共享的专业素养要求不相匹配，降低了信息资源服务质量。

（二）"互联网+"时代图书馆馆藏资源共享的路径

①明确数据标准，建设一站式资源检索平台。在"互联网+"时代，图书馆对馆藏资源进行标准化整合并非易事，关键在于确定统一的数据标准。因此，图书馆在进行馆藏资源数字化过程中，要确实按照《中国图书馆分类法》《中文书目数据制作》等文件的要求履行，以确保各图书馆中的网络资源、电子期刊、光盘镜像、元数据等具有统一的"身份"格式，进行统一优化整合。

同时，图书馆要借助"互联网+"技术建设一站式数据资源检索平台，通过利用TPI数字技术来增强资源共享系统之间的兼容性，确保用户在不同图书馆之间能够顺畅登录、检索，有效应对"互联网+"时代用户的信息检索需求。此外，要积极通过区域合作、馆际合作等方式，建设多馆联合的馆藏资源共享服务平台，既突出馆藏资源的特色化，也彰显馆藏资源共享服务的专业化，聚焦馆藏资源建设的共建共享，让用户无论身处何时、何地，只要登录一站式资源检索平台，便可乐享专业化的信息资源服务，增进用户与图书馆之间的关联度。②增强用户黏性，打造一体化读者体验模式图书馆馆藏资源共享的本质在于最大限度地满足用户的多元化、个性化信息服务需求。因此，如何瞄准用户的知识服务需求，通过信息共享服务改善提供优质的用户服务体验，必然是图书馆馆藏资源共享服务的价值导向。

从现有情况，建设一体化读者体验模式，对于增强用户参与度与服务黏性，实现馆藏资源共享目标效果显著。究其原因，在于其主要解决以下问题：一是协同服务问题。馆藏资源共享强调不同地域、不同属性、不同类别之间图书馆之间的融合与协同，一体化读者体验模式通过建立图书馆联盟，并建立图书馆联盟平台，让用户通过身份识别账户便可以登录并享受联盟框架内各馆的信息服务，大大增强了服务的效度。二是信息数据整合问题。在一体化读者体验模式下，要求馆藏资源必须要以统一标准进行整合，为资源共享化厚实基础，同时，通过建设共享化门户网站，实现用户在网站内进行便捷的检索、借阅服务。三是服务评估问题。在馆藏资源共享服务平台中，会利用信息技术向用户微信、邮箱等媒介推送服务评价问卷，引导用户参与服务评价，为馆藏资源共享服务提供第一手的服务评价信息，促进馆藏资源共享服务的改进和完善，进而提高馆藏资源共享服务的用户黏性和社会影响力。

（三）引入社会力量

构建协同化资源共享体系"互联网＋"时代的公共图书馆馆藏资源共享服务，必须要嵌入"互联网＋"思维，立足自身资源优势，引入社会力量协作，作为解决自身人力、物力和财力问题的有效之策，实现"1＋1＞2"的服务效果。对此，一方面，公共图书馆要深化与信息技术企业合作的力度，探索两者合作双赢的有效模式，通过借助企业的资金、设备和技术骨干力量，来推动馆藏资源的数字化、标准化，解决馆藏资源的特色化、一体化问题，并树立企业良好的社会形象。同时，可以借助企业技术骨干力量来开展对馆员的专业素养培训，使馆员能有效组织和管理信息资源，指导用户利用信息资源，提高信息服务的专业化。另一方面，公共图书馆可以和社会机构、社会名人等创办读书屋、文化沙龙、阅读吧等，通过合作交流，有效解决公共图书馆的资金和技术问题，同时也体现公共图书馆社会性价值，并向用户展示自身在服务场所、文献资源等方面的优势，提升公共图书馆的社会形象。

第五节 数字信息资源建设

一、数字信息资源分类

随着互联网的迅速普及和信息资源的飞速增长,图书馆的数字资源越来越多。图书馆所拥有的数字资源数量巨大,类型丰富,形式多样,内容全面,能够为人们提供非常多的知识与信息。根据不同的分类标准,可以将数字资源划分为多个类型,从不同的角度认识数字资源。

(一)根据信息内容分类

标准数字资源可以划分为电子图书、期刊等。电子图书是以数字化的形式展现传统的纸质图书的内容,通过数字技术记录文献信息的新型资源存储形式,提高了图书的利用率。电子图书凭借其使用方便、易于检索、节省空间等优势广受读者喜爱,成为数字资源中重要的一部分。电子期刊,从广义上来说就是以数字形式存储的期刊,它们可以通过互联网查找和阅读。在高校图书馆数字资源中,电子期刊的利用率较高,能够为师生进行学术科研提供很大的文献资料方面的支持。

(二)根据媒体形式分类

标准数字资源可以划分为文本数字资源、图像数字资源、音频数字资源、视频数字资源等。文本数字资源是通过计算机表示符号和文字等的信息,以字段形式存储在数据库,可以被分类、查询、检索。因此,文本是人机交互的重要方式,文本数字资源也是利用率最高的。图像数字资源是数字信息资源中重要的一种,它以原生或扫描的方式将大量的信息生动形象地展现出来,具有直观性的特点。音频数字资源是数字化的声音数据,其信息来源主要有广播、磁带等,服务于新闻广播、图书馆等用户。视频数字资源由于可传达的信息量大,集合了文本、图像、音频的优势,其在数字资源中的占比越来越大,高校图书馆在数字资源建设方面应给予更多的关注。

（三）根据加工层次分类

标准数字资源可以划分为一次文献数字资源、二次文献数字资源、三次文献数字资源。一次文献数字资源指首次形成，经过规范加工处理的数字资源，包括电子期刊与图书等。二次文献数字资源指在原始的数字资源的基础上，经过简单加工所形成的介绍性的数字资源，比如搜索引擎、分类菜单、参考数据库、学科资源导航等。三次文献数字资源指在原始的数字资源和二次数字资源基础上，经过深层次分析、加工、整理所形成的数字资源，既起到介绍性的作用，又起到评价的作用。

（四）根据数字资源是否结构化

可将图书馆数字资源分为结构化数字资源和非结构化数字资源。图书馆结构化数字资源主要是指电子图书、电子期刊、电子报纸等电子资源（各种电子出版物）和传统文献数字化资源，以及购买的各种类型的数据库资源，具体包括各类电子资源、各类型书目信息资源数据库、核心学术资源、辅助学术研究资源和特色馆藏数字资源等。数字图书馆非结构化数字资源主要是指音频影视资源、用户学习资源、记录图书馆信息资源建设与利用情况的大数据等。具体介绍如下：

1. 各类电子资源

随着微存储技术、磁性载体的出现和发展，计算机在信息存储领域的广泛应用，各种类型的数字化载体（电子资源）被图书馆大量收藏，并对这类信息资源专门加以组织，并配置以相应的设备供用户检索、阅读和利用。

2. 各类型书目信息资源数据库

各类型书目信息资源数据库涵盖了书目数据、电子书目数据、期刊目录数据、电子期刊目录数据以及数据库数据条目等数据类型。可以说记录各类型书目信息的大数据包含的数据种类基本上都是每个数字图书馆日常流通运营中最基本和必备的那些数据。书目数据资源全部是结构化的，产生源单一，增长速度比较有限。在数据的存储方式上，记录各类型书目信息的数据都是本地存储（其中属于例外的是数据库数据条目有可能是异地存储），在数字图书馆大数据保存价值方面，书目数据可以说是描述图书馆馆藏状况的一个重要指标。在大数据挖掘的难易程度上，由于书目数据量相对较小，加上都是结构化数据，因此容易进行数据挖掘，并且便于管理。

3. 核心学术资源

核心学术资源涵盖了学术文献摘要数据、学术文献全文数据和学术文献数据库数据。由于核心学术研究资源在数字图书馆中是原始数据，因此核心学术研究文献资源数据量很大。核心学术资源主要是数目众多的实体出版物和各大中外文文献数据库。核心学术资源数据一般都是数据库数据，因此其资源结构通常都是结构化。从保存价值上看，核心学术研究资源对于数字图书馆的保存价值是无可替代的。核心学术资源的保存地点通常是保存在数据提供商的服务器中，是异地保存。由于是数据库数据，所以数据挖掘和管理相对方便。

4. 辅助学术研究资源

辅助学术研究资源包含免费数据、OA 数据、自建文献数据、共建共享文献数据以及特藏文献数据等数据资源。辅助学术研究资源相比于核心学术研究资源，它的主要特点是数据更分散，数据结构更多样化复杂化，数据的来源也很丰富，例如 OA 共享网站、数字图书馆自建的网站、区域文献资源共建共享项目等。最为主要的是，辅助学术研究资源数据在数字图书馆中的利用率相比来说要低得多，但是像共建共享文献数据、OA 数据包括自建数据都是今后数字图书馆着力发展的方向。

5. 特色馆藏数字资源

特色馆藏数字资源指的是在每一个数字图书馆中那部分属于本馆特有的、无法通过购买或者网络来源替代的数据资源。正由于数字图书馆特色馆藏资源对于每个数字图书馆具有独一无二、无可替代的特性，所以随着数字图书馆的发展和建设，这部分特色资源变得更加珍贵和重要。特色馆藏数字资源包括非物质文化数据、特色馆藏数据以及交流数据等，其中交流数据又可以细分为文献交流数据、技术交流数据、信息交流数据等。目前，许多数字图书馆对于本馆的特色资源重视程度和资源投入都是相当大的，像很多大型图书馆的特色数据量上都已达到了 T 级别，并且增长速度很快。特色数据产生源较广，由于特色数据的形式多种多样，有纸质文献、电子文献甚至还有实物藏品等，所以特色馆藏资源的数字化工作也是摆在图书馆工作者面前的一个问题。数字图书馆特色馆藏资源通常都是在图书馆本地保存。由于特色馆藏资源的特性,这部分资源一旦被损坏或者丢失将会造成无法通过其他途径或其他机构恢复的局面,因此对它的备份工作是必不可少的。

6. 音频影视资源

数字图书馆音频影视资源包括馆藏图片数据、馆藏影视数据、馆藏录音数据、馆藏摄影数据等。由于当今多媒体技术的飞跃发展和需求的急剧增加,数字图书馆音频影视资源增长速度很快,其产生源繁杂,数据结构是非结构化的。在数据存储地点上,可以是本地保存也可以是异地保存。对数字图书馆来说,数字图书馆音频影视资源的保存价值有待于在今后的研究和实践中进一步探讨。由于数字图书馆音频影视资源的特殊性和当前相关音视频数据处理技术的瓶颈,因此数据挖掘难度较大。

7. 用户学习资源

随着互联网多媒体技术的发展和应用,数字图书馆的服务内容更加多样化,其中为新时代数字图书馆用户提供自我教育的资源支持和信息服务也在目前数字图书馆的日常业务方面占据一席之地。数字图书馆用户学习资源包括读者入馆培训资源、各种课件资源、不同数据库使用指南、收录的随书光盘资源和当前热门的慕课资源等。这一部分数字资源在数字图书馆中增长很快,产生来源相当广泛,数据结构上以非结构化为主。存储地点既有图书馆本地保存又有异地保存,进行数据挖掘受制于其非结构化的数据结构,数据管理难度较大。

8. 记录数字图书馆信息资源建设和利用情况的大数据

建设与利用情况的大数据记录数字图书馆信息资源建设与利用情况的大数据,在目前图书馆中有着非常最重要地位。它是描述数字图书馆资源建设和利用情况的数据,具体包括各种检索发现系统、文献传递情况、文献借阅情况、文献阅览情况、文献被引用情况、单篇文献成本、纸质文献采购情况、数字文献资源采购情况、导航数据、下载情况等。从数据量上看,记录数字图书馆信息资源建设与利用情况的大数据量较大,其结构既存在结构化数据也存在非结构化数据,数据产生源比较多而且复杂,数据的增长速度很快;数据存储方面,它既有在图书馆本地保存的部分,也有异地保存的部分;在保存价值上，由于对记录数字图书馆信息资源建设和利用情况的大数据进行大数据挖掘会得到非常有价值的决策支持信息，因此它的保存价值很高。但是同时值得注意的是，因为记录数字图书馆信息资源建设与利用情况的大数据的数据量较大、结构复杂，因此数据挖掘和日常管理有一定难度。

二、数字信息资源建设

（一）数字信息资源采选

图书馆服务体系在数字信息资源采选中面临以下问题：数字信息资源价格昂贵，需要巨额采购经费；服务体系面向的读者类型复杂、需求多样。为使有限的经费实现最大的效用，图书馆服务体系主要采用如下方式采选数字信息资源。

1. 单独采购

图书馆服务体系的总馆/中心馆单独采购数字信息资源，并获得整个图书馆服务体系共享使用的授权。东莞市图书馆集群网是单独采购模式的典型代表。集群网的数字信息资源由东莞市图书馆单独采购，但是它通过购买全市使用权的方式为分馆提供数字信息资源共享服务。鉴于总馆/中心馆资源购置经费的限制，通常单独采购的数字信息资源的规模都较小。

2. 联采共享

图书馆服务体系的全部或者部分成员馆联合采购特定的数字信息资源，彼此共享数字信息资源的并发用户个数。成员馆可以根据各自需要，灵活选择加入何种数字信息资源的联合采购，以提高馆藏资源建设的针对性。佛山市联合图书馆的大多数区级图书馆和部分镇级图书馆均是以联采共享的方式建设本馆的数字馆藏。联采共享通过集合成员馆的力量，有效缓解各馆单独采购数字信息资源的压力。联采共享适合于购买价格较高、需求量较大的数字信息资源。

3. 集团采购

图书馆服务体系的成员馆以组团的方式采购数字信息资源，各馆之间以互相开放 IP 的方式共享其他图书馆采购的数字信息资源。在集团采购中，采购人员代表所有成员馆与资源供应商谈判，有助于降低谈判成本与资源采购价格，并获取良好的售后服务及技术支持。集团采购以其价格优惠、省时高效等优势，而备受图书馆服务体系青睐。如苏州图书馆与昆山图书馆、吴江图书馆从 2006 年就开始以集团采购的方式购买万方、维普期刊、人大复印期刊等数字信息资源。

（二）数字信息资源开发

数字信息资源开发是通过现代信息技术，将馆藏中具有独特价值的文献信息资源转化为数字信息资源，或者对网络信息资源进行选择、挖掘、组织，建立网络信息资源数据库或导航库。图书馆服务体系主要采取以下两种方式开发数字信息资源。

1. 分布开发

图书馆服务体系中具备数字信息资源开发所需资金、人员、技术条件的成员馆，自主或在其他成员馆的帮助下构建数字化馆藏资源或者开发数据库。任何一个图书馆服务体系，其所在地的历史、地理、政治、文化、经济等方面都具有一定的特殊性，记录、保存、传承这些知识信息是图书馆服务体系义不容辞的责任。为此，一些图书馆服务体系的成员馆以馆藏资源为基础开发了一系列专题数据库、特色数据库。如北京市图书馆服务网络即在各区图书馆馆藏地方文献的基础上，以分布开发的方式建设了集中整合的特色资源数据库群。

2. 协作开发

成员馆根据统一的标准，利用统一的平台，以相互协作的方式对数字信息资源进行整合、加工、管理、发布。陕西图书馆服务联盟业已启动全省图书馆协作开发地方特色数据库的探索。数字信息资源协作开发要求各馆遵循统一的数字信息资源建设规范，使用统一的数字信息资源组织与检索平台。国内的很多图书馆服务体系尚不具备上述条件，导致协作开发数字信息资源的工作相对滞后。但是随着 SAP6.0 等数字资源共建平台的研发，相信会有越来越多的图书馆服务体系采取协作开发的方式，由成员馆同时在线共同开发同一数据库。

（三）数字信息资源长期保存

数字信息资源自其诞生之日起就需要持续不断地维护。它们必须随着存

第五章 数字图书馆信息资源建设

储载体、识别软件、数据、信息模型和标准等的更新，不断迁移和转换，才能被无障碍地利用。考虑到数字信息资源长期保存需要高昂的成本和先进的技术，图书馆服务体系适宜采用委托保存和合作保存的方式。

1. 委托保存

对于图书馆服务体系而言，最经济的数字信息资源保存方式是委托资源供给方和图书馆之外的第三方机构集中保存。第三方机构建设数字库房既可以共享维护数据安全与有效的专业技术，又可降低长期保存的费用。如由JISC和AHRB资助的数字信息资源归档系统AHDS（The Arts and Humanities Data Service）除了提供人文艺术类数字信息资源服务外，还为人文艺术类数字信息资源持有者（个人、机构或组织）储存该类资源或者提供该类资源的备份管理服务。数字信息资源委托保存将成为图书馆服务体系数字信息资源长期保存的一个发展趋势。

2. 合作保存

不同的组织机构、社会团体之间合作保存数字信息资源是一种被国际社会普遍推崇的长期保存模式。为应对英国数字信息资源安全保存的挑战，大英图书馆、剑桥大学图书馆、国家档案馆、英国研究理事会、联合信息系统联盟等29个组织机构组建了数字保存联盟。与其他机构、团体合作保存数字信息资源对于图书馆服务体系而言也不失为一种经济、稳妥的数字信息资源保存策略。

图书馆服务体系的信息资源建设需要对成员馆的资金、人员、技术、设备、馆藏等各种资源进行充分整合，这就必然涉及不同的成员馆和成员馆的建设主体——地方政府的利益。因此，图书馆服务体系的规模和构建方式、成员馆原有的基础条件、图书馆领导层的理念、地方政府的财政能力和公共文化服务意识等主客观因素都会影响图书馆服务体系信息资源建设方式的选择。图书馆服务体系在信息资源建设过程中必须积极争取地方政府的支持，坚持全局导向的原则，打破地区壁垒、产权壁垒、技术壁垒的限制，选择适宜的信息资源建设方式，借助全局性的信息资源共建共享实现信息资源供应的聚合效应。

第六章 数字图书馆特色资源建设与共建共享

第一节 数字图书馆特色资源

一、图书馆特色资源

特色资源，通常是指那些与普通资源相区别的特殊的资源。它有其与众不同的特点，是图书馆资源这一整体之中有特色的一部分。因此，特色资源是图书馆资源的有机组成部分。

图书馆特色资源是一个内容丰富的概念。从宏观的角度理解，图书馆资源中有特色的内容都可能成为特色资源，主要包含以下几方面的内容：

（一）信息特色资源

随着科学技术的发展，信息化代表着现代图书馆的发展方向，信息资源在图书馆资源中占有越来越重要的地位。图书馆特色资源也日渐信息化，以崭新的面貌呈现在读者面前。信息特色资源既包括实体资源也包括非实体资源，是图书馆特色资源建设的主体。当前通常意义上讨论的数字图书馆特色资源建设，也以信息特色资源为主体。信息特色资源是图书馆特色资源的主要构成部分，后面谈到的图书馆特色资源建设也是就此而言。

（二）服务特色资源

服务特色资源是一种图书馆非实物资源，它无处不在，在细节上体现着图书馆的风格和特色。各个图书馆推行特色服务是现代图书馆特色化趋势的重要体现。服务特色资源体现了一个图书馆在服务方面的特色，是图书馆特色资源的有机组成部分。

（三）环境特色资源

环境特色资源主要指图书馆建筑本身的特色。从内容与特征的角度，可以将图书馆特色资源概括为图书馆针对其用户的需求，以某一学科、专题、人物，某一历史时期、地域特点等为研究对象，依托该馆已有的馆藏信息资源，对更多文献信息资源进行收集（搜集）、整理、存储、分析、评价，并按照一定的标准和规范进行组织、管理，使其成为该馆独有或他馆少有的资源。它是该馆区别于他馆且具有该馆独特风格的信息资源。

简而言之，图书馆特色资源就是一个图书馆所收藏的文献信息资料具有自己独特的风格。这种独特主要有两层含义：一是指一个图书馆拥有独具特色的部分馆藏；二是指一个图书馆总的馆藏体系具有与众不同的特点。在实践中，当前已经建设的图书馆特色资源通常符合第一层含义。

文献信息资源在国际化和标准化之外，资源特色化和个性化是图书馆追求的重要目标，是自建特色文献数据库的重要基础。资源的特色化和个性化具体表现为：显著区别于其他馆藏的、具有独特风格与形式、个性化体裁与别具主题内容的文献资源。既凸显厚重的人文底蕴，又张扬独特的个性魅力；既承载着深邃的文化积淀，又蕴含着时空的未来价值。独特性、延续性与价值性是特色资源的本质含义。

二、数字特色资源长期保存的原则

（一）针对性原则

在图书馆资源中，并不是所有的资源都需要长期保存，数字特色资源的保存要以满足用户需求为宗旨，并进行有针对性的长期保存工作。这就涉及了资源的选择问题，要发挥自身优势，结合图书馆的馆藏特色、学校的学科特色以及所处的地域特色进行考虑，同时还要立足现有和潜在的用户需求，面向教学和科学研究的实际需要，充分考虑其实用价值和需求程度。

（二）科学性原则

科学性原则是指对数字特色资源进行长期保存时要遵循科学合理性，在科学的规划布置和指导下开展，不能盲目。在实际操作前，要对本馆数字特色资源保存的必要性和可行性进行充分的科学论证，不能随意拼凑。

（三）可用性原则

数字特色资源的长效利用是长期保存的主要目的。保证数字特色资源的可用性，首先要清楚数据和软件之间的关系，并根据数据和软件之间的关系选择合适的解决方案。不同种类的数字特色资源保存和利用的方式不同，应当根据资源的种类和类型制定合理的保存策略，保证资源的正常使用。

（四）可靠性原则

不论采取何种保存和使用方法，首先都必须保证所保存资源的安全可靠性，确保保存资源的真实性。

（五）经济性原则

经济性原则表现在以下两个方面：一是遵循针对性和适度性原则，在经济条件有限的情况下，通过最优化理论与方法，通过较小的经济投入实现功能倍增；二是指经过整合后的特色性数字资源，要扩大使用范围，提高服务质量，以多样化的服务方式来产生最大的经济效益。

三、数字特色资源的建设原则

图书馆事业是一项古老而常新的事业，而特色资源建设是信息时代赋予图书馆的责任和机遇，也是网络环境下图书馆仍然充满生机和活力的佐证。同时特色资源又在一定的历史条件下，随着时间的推移逐步积累沉淀，形成优势，具有相对独立的稳定馆藏。一旦形成特色，就要巩固、健全和发展，尤其是在新的网络环境下，更应该坚持走特色建设的道路，以促进图书馆事业快速、健康地向前发展。

（一）实用和特色原则

从本质上说，数据库只是工具层面的东西，实用和具有特色才是其目的。建设特色数据库，应体现现有图书馆的特色。所以在确定选题时应注意：特色资源建设的项目选题是否注重面向地方社会经济和教学科研发展的实际需要，同时也从读者使用、读者数量和特色资源质量的角度，优先保障重点学科，最大限度地满足用户需求。

（二）共享和先进原则

所谓信息资源共享，是指在特定的范围内，在平等、自愿、互惠的基础上，通过建立图书馆与其他相关机构之间的各种合作和协作关系，利用各种方法、技术和途径，共同建立和利用信息资源。特色数据库是文献资源保障系统建设中的重要内容，在用户信息需求不断增长及网络数字资源迅猛发展的形势下，要满足用户的信息需求，扩大自身生存空间，必须走共建共享的道路。图书馆进行数据资源建设时，要根据现有的资源状况结合馆内优势和特色，在对信息资源进行深度开发的基础上，建设自己学科特色的专题信息资源数据库，才能实现资源优势互补和最大限度地实现信息资源的共享。建设数据库时要考虑数据库是否代表当地水平，在国内外有无较高学术价值；能否在较长时间内保持国内领先地位，对某重点建设项目、重点学科建设的文献保障，是否具有填补空白的作用；对社会发展和经济建设有无促进作用。图书馆之间必须加强沟通和合作，通过交流达成资源共建共享之共识，通过合作进行大规模的数据库建设，避免重复建设。打破各部门各自为政的局面，实行分工协作，联合建库。在建库过程中，一定要采取先进的规范和技术，按元数据标引格式规范、文献著录标准、检索功能等一系列标准要求建库，最终达到与全国图书馆实现资源共建共享的目标。

（三）标准化和通用性原则

数字资源的加工和数据库的建设存在着一系列的数据格式标准和元数据规范。建库前必须注意：为了实现资源有效共享，各承建单位在项目建设中必须遵循通用性与标准化原则，遵守网络传输协议、数据加工标准和有关文献分类标引、著录规则等要求，采用规范化的特色库援建模式和标准化的数据格式、库结构及检索算法，确保数字化产品的通用性和标准化，从而为共建、共享创造条件。根据国家有关文献著录和标引原则，统一的著录标准、标引方式，按照《中国图书馆分类法》（第五版）对文献进行分类，对《中国文献编目规则》进行著录，并按照《中国分类主题词表》进行主题标引。尽量增强文献标引的深广度，扩大检索点，设立途径的检索方式，完善索引，规范机读格式，努力提高建库质量。除采用已有的国家标准外，还要注意同国际接轨，加强国内外检索的通用性。

（四）系统性和准确性原则

信息资源建设过程中要注意文献信息资源的系统完整和各类信息资源之间的相互联系，保障重点学科，也兼顾其他学科，逐步完善学科覆盖面，形成合理的信息资源建设体系。同时，也要考虑准确性，加工数据时应采取科学、严格的质量管理办法，而且一定要采用准确的原始信息即一次文献，尽可能避免出现错误，提高引用率和检准率。从可持续发展的角度来说，特色资源数据库还需经常更新和维护。平时要多收集数据库在使用过程中的反馈信息，及时对数据库内容进行替换、删除、修改和整理，确定合理的更新周期，使用户最早获取最新信息，以保持特色资源的生命力。

（五）安全性与可靠性原则

图书馆在数字资源建设时，要对大量的数字资源进行加工、存储、传递和管理，并利用网络对众多的终端用户提供各种信息服务，因此系统的安全性十分重要。在建设过程中，既要选择技术成熟、性能安全可靠的信息存储设备，又要采用先进的网络管理系统，确保网络系统的安全性和数据的可靠性。

（六）分工协调原则

从全局出发，统筹规划、分工合作、合理布局，有重点地进行资源建设，体现整体优势，以管理中心为基础构建二级联合保障体系，形成具有较强整体功能的信息资源体系。

（七）产权保护原则

建设一个数字图书馆必须尊重信息资源知识产权。数据库的建设是一项系统工程，知识产权保护是其核心内容之一。知识产权保护贯穿于数字资源加工、组织、管理、传播和使用的各个环节。特色文献数据库的建设应根据不同类型文献存在的法律形态，充分尊重不同著作权人的授权意愿，采取区别对待的原则，为信息资源的有效共享与利用奠定基础。特色数据库的建设必须严格遵守国家知识产权保护法，所有数据来源要产权清晰，发布的一切信息必须符合知识产权保护的要求。

四、数字特色资源的建设方法

图书馆特色资源都是基于长期的历史积累，有自己鲜明特色的馆藏结构，通过健全和发展，逐渐形成了图书馆自由的风格和特点。在进行数字特色资源建设时，要遵循系统性、分层性原则，明确特色资源与一般资源的差别和联系，通过多种渠道、多种信息载体、多种服务方式、多种科技手段，将不同学科、不同类型、不同语种的文献资源，针对不同层面的读者加以合理组织和科学配置，建立起一个有主有从、系统完整的数字资源保障体系。数字特色资源建设时，需遵循以下方法：

(一) 做好选题调研工作，提高特色数据库的质量

特色资源的质量是整个馆藏特色化建设生命力的体现，只有特色资源的质量得到保证，才能实现其建设的真正意义。选题是特色资源建设的关键环节，国内外建设成功的特色馆往往选题精准。首先要有一个明确的主题，除了要在自身馆藏方面有较大的优势外，还要对此专题有较为全面的了解。这样建设出来的数据库才有自己的特点，有竞争力，而且可以避免浪费。要综合考虑所在高校和地区的需求来选定，一个好的特色化选题可以达到事半功倍的效果。在选题上除了考虑本馆服务对象和馆藏特色以外，还要做详细的调查研究，掌握所选项目在国内有无重复或类似，掌握数据量能否达到一定规模，并考虑用户需求量的大小。不局限于以项目建设特色数据库，也可以根据馆藏特色和特定用户需求由本馆支持自主建立特色数据库。

(二) 挖掘重点学科和地域性主题，制定合理详细的计划

每一所图书馆都有自己的重点收藏目标，高校图书馆应根据学校的学科特点、馆藏原则及读者需求等因素确定文献特色化目标。要在充分了解馆情的基础上，制订符合本校学术研究需要的选题。这是特色馆藏建设取得成功的先决条件。

从地域性文献角度开展特色馆藏建设有诸多优势，如本地人才优势、本地传统文化优势等。目前，国内外开展地域性主题特色馆藏建设具有代表性的有我国香港地区的香港大学收集香港历史、社会生活和疆域的出版物以及香港出版的书刊等，形成"香港特色馆藏"；美国斯坦福大学利用其位于硅谷的地域优势，收藏"苹果电脑"等公司的档案，建成"公司"档案特色馆藏；我国内地的中医药文献经过长期发展也形成了非常鲜明的地域性特色，"北看天津针，南看江西灸"反映的就是具有浓厚地方特色的中医药学主题；天津大学有摩托车信息特色资源数据库群，摩托车设计构造并不是天津大学的优势学科，但天津大学依托CALIS专题数据库建设的契机，经多方分析确立了这个选题方向。地方文献和地域特色文献也是等待图书馆采集的一笔宝贵财富。任何地区形成的独具地方特色的文献都是其他地区不能取代的，开发和利用好地方特色文献，一方面可以为地方风土人情、历史沿革等相关研

究提供宝贵而丰富的资料，另一方面也可以为开发地方旅游业、发展地方经济提供信息支持。事实上，地方特色文献的开发已经受到大多数图书馆的充分重视，成为特色化馆藏建设中的一大亮点。要深入挖掘与探讨此类地域性文献主题，构建特色鲜明的地方性特色馆藏。

除了要深挖地域主题外，图书馆数字特色资源建设能否有成效，方案的制订也是至关重要的一步。为此，各图书馆务必要搞好调研，并根据本馆、本校、本地区、本系统乃至全国的实际情况，制订出一个科学合理、切实可行的特色资源建设方案，同时要加强组织落实，以促进数字图书馆特色资源建设。若要建好特色资源数据库，必须从工作的一开始就制订好详细的计划，仔细地搜集学术价值高的特色资源。整理、加工、分类、发布，每一个环节都要做到位，选择最合适的建库软件以及管理软件，以便进行数据维护和信息服务。要考虑建库系统的实用性，操作简单，界面统一，拥有完善的制作流程和相对集中的管理模式。总之，井然有序的安排会减少不必要的工作，方便快捷，提高工作效率。

（三）结合互联网技术，实现信息自动采集

随着计算机网络技术的发展和普及，人类在信息传播和利用上进入一个崭新的世界。海量的网上信息资源中，蕴含着十分丰富的地方文献。相比传统载体的地方文献，网上的地方文献具有检索快捷、利用方便的特点，是不可忽视的地方文献的新来源。

网络信息采集技术是按照用户指定的信息或主题关键词，调用各种搜索引擎进行网页搜索和数据挖掘，通过 Web 页面之间的链接关系，从 Web 上自动地获取页面信息，并且随着链接不断向所需要的 Web 页面进行扩展的过程。这一过程主要是由 Web 信息采集器来完成的。网络信息资源自动采集系统是实现图书馆数字资源采集"快、精、广"的利器，但要注意版权问题，需要时刻标明转载出处。网络信息采集技术的出现不但解决了图书馆人手不足的问题，而且还可以提高图书馆的工作效率和服务水平。

（四）以优势学科为依托确定特色，建立特色资源预订数据库

在文献资源建设的过程中，每个馆都必须根据自身的服务指向，在文献内容上明确哪些是必须收集、保存的，哪些是可以利用光盘或数据库及网上资源作为虚拟馆藏的内容，以满足不同学科、不同层次、不同深度的文献需求。

如何分清主次，确定重点学科，当然得从调查研究出发。根据所在单位的发展规划和学科队伍现状，摸清馆藏家底，并在文献资源体制的服务指向要求下，为文献的遴选确定符合本单位发展需要、自身服务功能和馆藏文献特色的入藏原则。

例如，在CALIS联机编目系统中，以"机电""模具""计算机""汽车"等为题名进行检索，再在本馆的自动化系统中进行查重，本馆没有的就直接下载，直接建立预订记录，还可利用国家图书馆OPAC编目数据做特色资源预订数据。在国家图书馆的"多库检索"中，以上述内容作为题名进行检索，同样在本馆的自动化系统中进行查重，本馆没有的就重新建立预订记录，按"字段名格式"，复制、粘贴国家图书馆的完整MARC记录。再就是利用图书供应商及其他图书馆提供的网上检索平台获取预订数据。例如，中国图书网、超星、书生电子图书、中国互动出版网、卓越网、当当网、珠江三角洲数字图书馆联盟、九羽电子图书、银符考试平台、多媒体库等网上资源，它们有着丰富的特色资源数据，只要善于利用，就会淘出许多宝物。只要图书馆馆员牢牢树立文献馆藏建设的理念，就能最大限度地满足教科研和读者需要的观念。只要持续做好资源整合管理工作，一个具有丰富的特色文献资源的图书馆就一定会出现。

（五）坚持特色，优化资源配置

特色数据库的建设需要人力、物力的持续投入。学校若能够增加对图书馆的经费支持当然最好。如果资金有限，就要做到资源的合理配置和利用，建设"专而精"的具有特色的文献资源，实现效益最大化。在进行数字化时，用来加工的计算机、扫描仪如果比较新，会提高成品的质量，使得生成的文件占用硬盘空间小，清晰度却很高，处理速度快，节约大量时间。同时，图书馆也应充分发挥主观能动性，争取向政府、社会等多方取得支持，可以与其他高校按照地区或性质组合的形式联合购买大型数据库。

（六）重视标准化、规范化建设及维护工作

在图书馆特色化建设中，需要所有图书馆的参与、合作，而且通过网上传输提供服务。需要有一个统一的标准，各种标准之间需要联系和协调，建立一个完善的相关标准体系，加以严格遵守。标准化工作是图书馆管理中的基础性工作，只有建立在统一合理的标准和秩序的基础上，才能实现对图书馆建设和利用的效率最大化。标准化工作是关系到当前图书馆资源使用和共享的关键因素，如果不进行标准化建设，数字资源就容易出现重复开发和建设、重复投入和使用的问题，造成人力和物力的浪费，同时造成资源信息的冗余。

目前，数字图书馆已经成为全球信息科学高速发展道路上无可替代的信息资源集散地。它采取的跨地域和跨图书馆的在线查询和使用方式，为科学技术的发展奠定了基础，但数字资源的管理有别于传统管理模式，管理的对象也产生了变化，需要一系列严格的技术标准作为依据，包括电子文档的格式、读取，信息网络标准，检索方式标准等。正是由于数字资源的特殊性要求，对数字资源的标准化建设就显得格外重要。

图书馆数字资源建设体系标准化是众多标准的基础标准，是把所有的标准进行融合和整理，进行宏观的调控和管理。该标准需要具备规范化、制度化、体系化等要求。特别是在管理方面，需要图书馆的各职能部门都能够按照统一的标准和规范指导日常工作，实现各系统、各部门、各资源间的协调一致，为建立一个科学、高效的图书馆数字资源管理体系提供标准。

数字资源的标准化建设主要涉及对各项相关技术标准的制定和实施，要按统一的数据格式、数据库建设规则、连续出版物的著录标准进行特色数据库的建设。同时，现已建成的数据库要按统一的标准进行改进，剔除重复数据，合并同专业、同种数据库，以确保文献信息在网上快速流通和资源共享。不过由于数字资源的特殊性，标准化制定的种类比较繁多，大致可以分为九类，分别是系统共用平台标准、数目数据库标准、服务体系标准、数据存取标准、资源交流和共享标准、信息传输标准、软件通信标准、文献著录标准以及人力资源管理标准。

数据库建设是一项长期性的工作，数据录入的完成并不意味着数据库建设的完成。数据库建成后，数据修改、数据维护、数据更新等后续工作是保证数据库质量和数据库提供服务的必要手段。在看到数据库不足的同时，要积极的采取措施进行修改和维护，以期使它们发挥更好的服务效果。

（七）锐意创新，提升服务水平

图书馆的藏书特色应该是它长期面向特定服务对象而形成的文献资源收藏特点的概括。其形成根源是读者的需求，是"需求"形成了"特色"。这一规律说明，图书馆的藏书建设是以"需求"为导向，以"特色"为其文献资源结构表现形式的。图书馆必须树立以读者为中心的理念，以满足读者需求为第一要务，在竭诚为读者服务的过程中体现其自身的价值；树立以特色信息服务满足读者的理念，根据社会的需要，根据馆藏特色及地区或系统文献保障体系建设的分工，瞄准服务对象，关注特定群体，充分发挥其信息组织的优势，建设特色信息资源，以独特的信息服务满足读者需求；树立与读者动态需求相适应的理念，强化服务意识，更新服务方式、手段、内容及模式，建立起对用户需求快速反应的运行机制，制定特色的服务规范和管理模式，提供特色知识服务，寻求适合时代发展的数字图书馆特色资源建设思路。

（八）"以人为本"，提高服务质量和效率

随着信息化、网络化的迅速普及，图书馆网络化建设更是有了飞速的发展，读者对信息的需求不再受图书馆地域、空间和开放时间的限制，他们通过先进的技术设备，远程就能获得他们所需要的信息。为了适应社会的发展，更进一步满足读者的需求，数字图书馆在特色资源建设的同时，要注重特色数据库的研制开发。这样不仅拓宽了读者获取信息的渠道，而且它作为一个完整的、系统的特色资源整合，将成为数字图书馆长足发展的一个亮点。特色资源建设的目的不能局限在为读者准确地提供某个信息点或知识点，更重要的是要对信息资源进行深入的揭示，为读者提供知识链和信息链的个性化服务，根本目的就是坚持以人为本，提高图书馆的服务质量和效率。

五、数字特色资源的建设内容

随着现代数字技术和信息技术的飞速发展，越来越多的图书馆逐步实现自动化和网络化，图书馆不再是原来意义上的"藏书楼"。图书馆发展的必然趋势是"收藏数字化、操作电脑化、传递网络化、信息存储自由化、资源共享化和结构连接化"。数字特色图书馆绝大部分建立或依托在原有相对综合、普及的各类型、各系统图书馆基础上，它的形成和发展将是图书馆现有特征与功能的强化和升华。图书馆特色化在中国仅仅是一个开端，它对图书馆传统意义上的文献收藏内容与服务方式进行了根本性的更新与变革，因而也促使图书馆在"藏"与"用"两大基本矛盾方面产生了质的突破。图书馆要真正实现其地位，就必须树立品牌意识，开发特色数据库，走有特色的发展道路。

(一) 特色数据库建设的关键问题

1996 年,美国图书馆学家 S. Sutton 在研究图书馆服务模式时提出把图书馆划分为四种类型:传统型、自动化型、混合型及数字型。他认为混合型图书馆是"印刷型信息和数字化信息之间的平衡并逐渐向数字化方向倾斜"。21 世纪的图书馆是数字图书馆与传统图书馆、虚拟图书馆与实体图书馆、网上图书馆与物理图书馆的结合,是集传统图书馆与数字图书馆的优点于一体的混合型图书馆,它将两种形态共存互补,构建出当代图书馆生存与发展的基本形态。数字图书馆最重要的一项工作就是特色资源建设。图书馆的文献资源特别是特色资源建设必须围绕本地区突出优势或本校重点学科、专业的设置和教学、科研的发展方向,构建与之相适应的馆藏体系,为地区或学校的教学科研工作提供必要的文献资源保障。

由于特色资源建设关系到图书馆未来的生存和发展,因此各图书馆务必要集中人、财等有利条件,有重点、有针对性地突出与强化自己的特色,以使馆藏文献具有鲜明的个性和独特的风格,其关键是要形成以下六大特色。

1. 突出馆藏结构特色

所谓馆藏结构特色,就是要根据本校的办学特点、办学规模、专业设置、重点学科及专业的教学、科研工作需要,根据本馆的教育对象、经费投入、读者需求特点以及地方经济和科学文化的优势,科学、合理地确定馆藏文献的收藏比例(一是文献类型比例,是指印刷型文献、数字化文献及其他类型文献的收藏比例;二是文献梯度比例,是指普通文献、重点文献、专业学科文献的收藏比例),对文献信息进行重点收藏与重点建设,形成独具特色的馆藏文献信息资源,并逐步调整和优化馆藏结构,以使各类文献优势互补、协调发展,进而形成独具特色的系统、完整、统一的本馆实体资源和虚拟资源馆藏体系。由于各地区的学科设置、所处地域与人力资源结构不完全相同,各数字图书馆都会形成自己的特色馆藏结构资源。

2. 突出资源共建共享特色

随着用户信息需求的不断增长,网络数字资源的迅猛发展与昂贵的资源购置费用形成尖锐的矛盾,要满足用户的信息需求,扩大自身生存空间,必须走共建共享的道路。特别是公共图书馆,其数字资源建设费严重不足,根本无法依靠自身的力量满足用户多层次的信息需求。因此，必须利用共建共享集团及其他协作单位的资源为用户提供合作服务，联合社会力量，增强资源采集、制作、维护能力，使资源质量得到优化。

3. 突出高校特色

学校特色主要是指以学校教育教学、科研成果为特色。主要是指各高校主办或承办的正式出版物、师生公开出版发表的各类文献或具有研究价值的非正式出版物等所形成的独一无二的特色资源，包括以下几点：一是师生撰写编译的各类图书、论文及师生的书法、绘画、摄影作品、设计的软件等；二是学报、校报（刊）及学生社团、图书馆创办的各类刊物和报纸；三是教师及各类专业技术人员承担的地（厅）以上的科研项目；四是学校主办或承办的各级学术研讨会的会议文献；五是优秀教师和精品课程的教学影像资料等。对以上各类文献，图书馆要全面、系统地收藏，以形成学校的收藏特色，如河北农业大学图书馆的"教师著作论文库"、四川农业大学图书馆的"教师论文数据库"、广东海洋大学图书馆自建开发的特色资源如"海大文库"，都整合了所在高校原创文献资源，集中反映多年积累的学术成果，体现了馆藏特色。

4. 突出服务特色

文献收藏是文献开发利用的基础。图书馆的服务工作必须是在有所"藏"的情况下开展的。读者服务贯穿素质教育特色，图书馆直接或间接地参与了"教书育人，管理育人，服务育人"的活动，体现在推荐书刊、解答咨询等活动中，并通过馆员日常的言传身教对读者施行潜移默化的影响。

5. 突出地域特色

地域特色主要是指以区域特色和相关人文环境为特色，如图书馆所在地过去与现在的地方史志、大事记、统计年鉴、风土人情、地方政治经济、教育、文化名人、名胜古迹、民俗、历代贤达著作及其研究作品，以及反映地区经济和文化发展的出版物。对这类特色文献，图书馆要选择性地进行收藏，主要采集那些质量较高、有实际利用价值、真正体现地方特色的文献入藏，如华南热带农业大学图书馆的"中国热带农业文献数据库""国外热带农业文献数据库"等。

6. 突出数字资源特色

数字资源虚拟与现实相结合。数字图书馆大量的数字化信息存储在无数个磁盘存储器中，是通过计算机网络连接形成的一个联机系统。因此，与传统图书馆相比，它占用的物理空间相对很小，就解决了图书馆日益增长的各类文献资料、书籍采购收藏空间不足的问题。数字资源建设能大量收藏数字形式的信息，除了纸介质的书刊资料外，还收录其他一切可以数字化的信息，如视频、音频资料等，可以满足读者的多种需求。

数字资源建设最重要的一点是建立以中文信息为主的各种信息资源。这将迅速扭转互联网上中文信息缺乏的状况，形成中华文化在互联网上的整体优势。数字图书馆还是保存和延续发展民族文献遗产的最佳手段，所有的珍贵资料都可以经数字化处理后，将原件保存在更适宜的环境中，而数字化的资料由于实现了对原件的复制，可使这些珍贵文献在受到保护的同时，得到更充分的利用。

图书馆数字资源建设扩大了读者范围，普通图书馆因为读者对象与地理位置的限制只能为少数人服务，数字图书馆则允许人们自由查询。利用图书馆数字资源的用户可以不和图书馆的工作人员直接见面，而只通过网络与图书馆联系，图书馆专业人员通过电子邮件及电子咨询台与用户联系。图书馆的服务质量取决于软件设计、图书馆专业人员对用户回应的速度和质量、数字化信息的制作、网络的传播速度及人性化界面的设计等，用户也可以直接通过计算机登录图书馆的主页，随意浏览、查询、下载、打印有用的信息。

（二）特色数据库建设的内容

1. 自建特色资源

图书馆自建特色数据库是CALIS（中国高等教育文献保障系统）文献资源及数字化建设的重要内容。1998年11月，CALIS启动了特色数据库资助项目，首批资助了二十五特色数据库，目前已经取得了初步的成果。除此之外，部分CALIS所属高校图书馆还开发了或者正在开发类似的特色数据库。各高校图书馆必须联系本馆实际，面向未来进行科学合理的规划，既要以实体馆藏资源建设为基础，又要以整合、开发和利用网上虚拟资源为补充，更要走信息资源共建共享之路。只有这样，才能赢得读者、赢得市场。

各图书馆由于学科建设侧重点不同、所处地域不同，对特色资源的建设也不一样。各图书馆为了满足教学与科研人员在教学和科研工作中的需要，大多数都建立了自己的特色数据库，如上海交通大学数字图书馆自建了"上海交通大学学位论文数据库""机器人信息数据库"，湖南大学数字图书馆自建了"金融文献数据库""书院文化数据库"。这些图书馆对富有特色的文献进行收集、分析、评价、处理、储存，并按照一定标准和规范将本馆特色资源数字化，以满足用户的个性化文献信息需求。各图书馆如何构建自己独具特色的文献信息资源数据库，如何构建能反映高校学科重点和图书馆特色馆藏的特色资源数据库，已成为当前高校数字图书馆建设的首要任务。

特色文献建设要一边搜集，一边数字化。数字化最简单的办法就是把图书馆购买的特色数字图书、全文数据库及网上免费特色资源搜集出来，整理优化，再把其他资源数字化融合，申报课题，进行相关研究。对特色文献建设进行相关的方法研究，只要方法正确，就能事半功倍。

2. 引进特色资源

目前，自建特色资源数据库需要花费很大的人力、物力和财力，对资源开发与利用还存在很大的盲目性，重复建设的现象比较普遍，更新速度比较慢，采集到的相关信息不够全面和完整，开发整理的范围也不够宽。对此，图书馆应当有选择、有计划地引进高质量的中文与外文数据库，使之尽量做到中外文书目、文摘等二次文献数据库覆盖本校所有学科与专业，力求做到重点学科专业全部购买，兼顾其他专业，扩大合作范围。例如，清华大学图书馆引进的中文数据库有"中文科技期刊库（全文版）""万方数据资源系统""中文社科引文索引"等。清华大学图书馆还引进了数字出版物，如各种数字期刊，包括中国科学杂志社数字期刊、中国期刊网、维普中文科技期刊数据库等，各种数字图书包括超星电子图书、书生之家电子图书、百万册书数字图书馆等。

3. 建立特色导航系统

建立特色导航系统对数字图书馆特色资源建设是有效的补偿。构建数字图书馆特色知识导航系统关键在于如何建立一系列有效的知识服务运行机制使图书馆在知识经济时代选择最有利的行动，使博弈双方互动相容，实现其知识导航功能。一般来讲，图书馆组织的员工会将自己拥有的专门知识以及组织拥有的知识资源作为组织的核心竞争优势来获取对服务对象的特别服务。

因此，如何有效地进行人力资源管理和知识共享，倡导员工把个人知识转变成为组织知识，把组织知识转化为服务对象的知识，通过组织知识的不断传播来增强组织的服务能力，是成功实施数字图书馆特色知识导航系统功能的关键。

（三）特色数据库建设的类型

各图书馆要实现信息资源的共享，就要有选择性地收藏文献，建设属于自己的数据库，尤其是开发本馆特有的数据库。

1. 具有高校特色的数据库

各高校应以教学科研需要为依据，以资源共享为导向，有针对性地重点选择建设符合当地学校所设置的相关学科专业的特色资源数据库。这些数据库一般分为以下几种类型。

（1）学位论文特色数据库。学位论文是指高等学校或研究机构的学生为取得学位，在导师指导下参阅大量文献，经过反复实验及调研所撰写的研究成果。每年各高校都有一批硕士、博士论文，其中不乏具有高学术价值的论文。硕士、博士论文体现了各高校的学科特色，收藏这部分文献是高校图书馆特色文献建设的重要内容。目前，许多学校已经开通了在线提交系统，建立了本校的硕士、博士论文数据库，借助多年累积的教学成果，建立一个独特的有知识产权保护的原生资源库，为希望获取学术信息的用户提供一个方便查询与进行学术交流的好途径，从而起到推动教学科研交流和促进发展的作用。同时，这些论文将给学生带来许多参考价值，指导学生规范论文写作，引导学生进行文献检索，十分便利。

（2）教职工科研成果数据库。高校教职工的专著一般都是结合教学和科研信息的需要，根据社会发展与经济建设的需求，在充分利用本校藏书体系的基础上撰写而成的。这些科研成果理应受到高校特别是作为学术性机构的本校图书馆的珍视与收藏。我国高校文库的建设始于20世纪80年代后期。其中，较早的有北京大学、中国人民大学、河北大学、河北农业大学等。初期的文库仅限于保存印刷本的实物。近几年，随着计算机和网络技术的发展及在图书馆中的应用，文库建设也走向了数字化阶段。一些数字文库相继诞生，如中国人民大学、浙江大学、北京大学的数字文库等，尤其是中国人民大学的数字文库,已形成全文数据库。高校文库的发展趋势是实物收藏展示和全文数据库并存。

(3) 重点学科特色数据库。重点学科特色数据库是根据学校的某重点学科、某特定主题,或交叉学科和前沿学科,全面搜集能体现某学科特色的资源、各类相关类型的资料整理加工的数据库。学科特色数据库是专业文献资料特色数据库,搜集重点应突出专业特色,包括本专业的国内外核心期刊、科技期刊、教材、参考书目、学术会议资料以及其他报刊中有学术价值的专业文献,图书馆收集这些资料后可以自己进行加工整理,也可以直接引用现成的专业文献特色数据库。该数据库应内容丰富、系统完整,对教学和科研能带来极大的便利,也属于馆藏的重要特色资源。例如,上海交通大学图书馆的"机器人信息数据库"、石油大学图书馆的"石油大学重点学科数据库"、武汉大学图书馆的"长江资源数据库"、上海财经大学图书馆的"世界银行资料数据库"、哈尔滨工程大学图书馆的"船舶工业文献信息数据库"等。

(4) 开发考研信息数据库。近年来,随着考研人数的增加,要求查找考研信息的学生逐渐增多,且具有年级偏低、查找时间不确定等特点。他们迫切需要了解全国各高校的招生情况,特别是研究方向、导师情况、考研课程及参考资料,但这些资料往往都是临近报名时才由研究生处转来,不能满足广大同学的需求。为了让同学们早日得到这些信息,各高校开辟了考研信息咨询园地,由专人对网上考研信息进行收集、加工,将与本校专业对口的专业招生情况和参考书目及时整理出来,并通过校园网发布,读者既可上网查询,也可到图书馆阅览室查询,很受学生欢迎。例如,北京邮电大学图书馆的"博导信息数据库"、北方工业大学图书馆的特色数字资源就包含了"考研专业参考书库""四六级英语题库"等。

(5) 影音光盘特色数据库。现如今,越来越多的书籍后面附赠一张随书光盘。这便于读者更直观地获取知识,从听觉和视觉两个方面来满足需求,显得生动活泼。但光盘经常借出容易损坏、丢失,占用储藏空间大,而无法实现资源共享。这就要求图书馆搭建一个良好的平台,对具有馆藏特色的影音资料,以及随书光盘中的视频、音频、图像、文字进行数字化转换、编辑、压缩等技术处理,储存在计算机网络服务器上,形成电子阅览平台。构建此类特色数据库需保护作者的知识产权,尊重他们的劳动成果,今后这一特色资源数据库将成为数字化图书馆的核心部分。

2. 突出地域特色的数据库

地域特色的数据库是指反映各地区各方面情况的各种文献数据库，它包括介绍本地地理、历史、风俗、民族、经济、文化、人物的各种典籍；本地政府所制定的各种法规、政策；本地名人的书籍及手稿；本地主要企业发展的情况通报、产品介绍等。这些文献资料可以反映本地各方面的发展历史及现状，地域特色浓厚，其建设也是公共图书馆特色数字资源建设的重要内容。各地区应根据地理、历史、经济和文化特点对本地区信息资源做完整系统的采集入藏，最终形成具有鲜明特色的地方文献数据库。例如，山西大学建设的"山西票号与晋商数据库"、四川大学图书馆的"巴蜀文化特色库"，黑龙江省馆先后构建了包括少数民族文化、黑龙江杂技、犹太人在哈尔滨、哈尔滨旧影、抗日战争文献、地方法律法规、冰雪文化、大学生冬季运动会、金源文化、黑龙江野生动物、黑龙江旅游、黑龙江边境贸易、神州北极、黑龙江体育名人、黑龙江文化科技成果、黑龙江农业、黑地文化在内的十七个专题数据库，很有地域特色。全国省级图书馆中，有几个省级图书馆如浙江图书馆、广东图书馆、湖北图书馆、湖南图书馆、天津图书馆、首都图书馆等，不但地域文化内容丰富，而且网站制作与设计也比较精致，特别是首都图书馆，它所开发的特色资源信息量大而且内容丰富，图文并茂。另外，辽宁省图书馆地方特色资源已初具规模，形成了特色数据库群，并正在建立地方特色资源统一检索平台。内容全面、功能强大的地方文献数据库更能支持和推动本地经济、文化等各项事业的均衡发展。因此，建设地方特色文献数据库是非常必要的。

3. 建立地方人文、历史类特色的数据库

(1) 本地区研究数据库（历史、现状、人文、风俗）。一般是由数字化的书目数据组成。读者要了解有关本地区的历史、地方志中有关这方面的记载，就可通过书目数据提供的检索途径，查找地方文献数据库进行全文检索，从而获得有关信息。

(2) 地方名人数据库。内容为地方名人的生平、回忆录、著述目录、述评等。对于其中有特殊研究价值的名人，可追加全文数据、照片数据等，并通

过计算机处理使之数字化。

(3) 古籍数据库。是包括本地区的全部古籍地方文献的专题数据库。由于古籍珍贵，特别是孤本，不便于读者实物查阅，可采取光电扫描技术，建立全文数据库。

(4) 地方特色数据库。包括本地区最具特点、最具美誉度的内容。例如，建立地方农业种养业方面的数据库，种养业历来存在地域性，地方差异较大，可以将反映当地农业方面的种养技术、生产情况记录入库。

(5) 图片数据库。图片数据库既形象又翔实地揭示了当地的文化内涵、历史风貌、民俗风情、地区变革，为读者了解、研究该地区提供了一个良好的使用平台。对于记录本地历史、对外宣传本地特色都具有积极的意义。

4. 深化其他专题特色信息资源库

专题特色信息资源库是根据图书馆读者特定需求而建设的特定主题资源，具有很强的针对性和广泛性，如复旦大学图书馆承建的"全国高校图书馆进口报刊预订联合目录数据库"、清华大学图书馆建设的"全国高校图书馆信息参考服务大全"、西南财经大学图书馆的"期刊篇名数据库"等。

专题特色信息资源还可以建立在学科特色信息资源的基础之上，也可根据重点学科的专业方向进行信息跟踪服务，对学术前沿进行透彻的分析、研究，并预测未来的发展趋势，从而根据新观点的潜在价值、深层次内涵等内容建设数据库，将信息提供给读者。

第二节 数字图书馆特色资源共建共享

20世纪图书馆界最伟大的实践之一就是实现图书馆馆际合作和文献资源的共建共享。21世纪迎来了知识经济时代，知识的传播和知识的创新加快了知识信息的流通和利用。为了最大限度地发挥知识信息的作用和价值，就要实现知识信息的充分共享。随着计算机技术、网络技术的发展，特别是Web 2.0的诞生，使得信息资源的共建共享已不再是图书馆之间的障碍。同时，随着社会各群体对知识信息的需求激增，迫使图书馆要不断开发各种文献信息资源以满足服务群体的需求，图书馆要在激烈的社会竞争中求生存、谋发展，就必须形成自己的鲜明特色，发挥自己的特点和优势。只有形成特色，才能在信息资源的建设中体现自己的优势和竞争力。在文献信息资源开发与利用的过程中，图书馆也面临着购书经费削减、数据库购买不均衡、学科融合及快速发展带来的馆藏资源不足等问题。因此，在当前形势下，如何规划好各图书馆间的资源建设与利用并达到各馆间的资源共建共享，是当今图书馆界面临的紧迫任务。

一、特色资源共建共享概述

（一）特色资源共建共享的现状

网络环境为文献信息资源共建共享创造了良好的条件，网络信息资源生产与使用的社会化对图书馆文献资源的建设产生了重大的影响。当前，大多数图书馆结合自身的馆藏特色、资源优势和区域文化特点，对此进行发掘和深加工，以便为广大读者提供更多的特色资源。

特色资源主要包括地方特色资源和学科特色资源，前者主要是指某一地区特有的且又有一定影响和较大价值的文化资源，包括该地方的历史文化、风土人情、宗教信仰、风景名胜等领域；后者是指高校图书馆根据各校长期以来文献信息收集的实际情况和特定学科信息用户的需求，结合本校重点学科建设、专业设置和教学科研发展方向，搜集和整合的具有鲜明学科专业特色的文献信息资源。特色资源具有鲜明的专业学科特色、区域经济特色、地方文化特色和馆藏特色。

在中文期刊数据库中，以"特色资源"和"特色数据库"为检索范围进行检索，符合检索条件的结果有数千条，这说明图书馆或其他科研机构对特色资源建设的研究和实践是比较重视的。然而，进一步限定"共建共享"检索范围时则发现文献数量降至几十篇。对这些文献进行研读可发现，当前图书馆在特色资源共建共享上存在一定障碍，且范围仅限于高校，而公共图书馆或者基层图书馆很少有相关的研究文献。

（二）特色资源共建共享存在的问题

在知识经济时代，建立一个能够实现省域内高校纵向贯通和横向联合的特色信息资源共建共享体系，除了面临许多政策、措施、理念、技术及相关理论支持等问题外，还存在以下问题。

1. 知识产权和版权问题

特色数据库建设在信息资源的收集、传播和为用户提供信息服务的过程中，会面临版权问题及知识产权保护问题。从版权保护的角度来讲，对于在版权保护期内的特色信息资源，要尽量和版权人进行必要的协调，既不侵犯版权人的权益，又要进行不乏特色信息资源的搜集和利用。对于知识产权问题，图书馆应在遵从国际知识产权秩序的基础上，调整和解决好特色数据库建设与知识产权保护的关系。

2. 特色资源数据库种类繁杂甚至重复

各图书馆对其所建特色资源数据库命名不一，有特色数据库、自建数据库、自建特色数据库等。不仅如此，各图书馆无论是特色数据库还是自建数据库看起来都是内容繁杂、各成体系、没有统一的标准，甚至图书馆之间存在特色，数据库内容重复现象。混乱的内容和命名系统给特色信息资源共建共享和读者检索利用带来麻烦，重复的数据库内容造成了图书馆资金投入的浪费。图书馆需要利用国际统一标准构建特色资源数据库，为特色资源共建共享工作节省人力、物力和财力，为用户提供简便、快捷、高效的文献检索系统。

3. 特色资源建设水平参差不齐

特色馆藏是各图书馆的资源品牌，是图书馆开展特色服务的资源基础，也是网络时代数字图书馆共建共享的资源依托。目前,多数图书馆都比较重视特色资源的建设,但各图书馆特色资源建设的水平参差不齐。首先,一些图书馆还没有自己的特色资源,或者是一些图书馆已经开始从事这方面的建设工作,但读者现在还无法利用到本馆的特色资源。其次,在已经进行特色资源建设的图书馆中,还有一部分图书馆收藏有特色资源但没有进行建库保存,甚至有的建有特色数据库却利用率过低。再次,各馆特色资源建设的系统性和全面性方面还存在一定的差距,只是简单地就现有特色资源进行建设,而没有意识到特色资源跟其他馆藏资源一样具有保存和利用价值。因此,在特色资源建设过程中,就需要尽可能多地、全面地、系统地收集此类资源,这样才有利于形成特色。

4. 特色资源共享范围受限

在对特色资源数据库调查过程中,特色资源共享只是在已达成共享范围内的图书馆之间进行共享,但同时成员馆访问特色数据库也会受到限制。以CALIS地区中心特色数据库调查为例,不是一个地区中心的不可以互相访问,同是一个地区中心的也存在部分成员馆不能访问该地区特色数据库的现象,如广东工业大学图书馆无法访问华南地区中心的特色数据库,上海海事大学图书馆无法访问华东南地区中心的特色数据库,大连理工大学图书馆只能访问一部分东北地区中心的特色数据库。

5. 特色资源数据库导航效果一般

调查发现,只有少数图书馆将特色资源以"特色馆藏"或"特色收藏"置于图书馆主页上,如北京大学、清华大学等。多数图书馆均把特色资源数据库置于二级类目——"资源导航""馆藏与资源""数字资源"等栏目下。如果是初次访问图书馆网站的读者,需要凭经验才能找到特色数据库,对于没有经验的读者来说,准确地查找到所需的特色资源需要一定的时间。这不仅浪费读者的时间,也不利于特色数据库的推广,还可能导致特色资源的利用率过低。

(三)特色资源共建共享的现实意义

图书馆充分利用资源优势共建特色数据,将分散的信息资源系统化、集中化呈现在广大读者面前,从而增加特色信息资源的价值和利用率,最大限度地发挥特色资源的经济效益和社会效益。实现各馆之间，不论是同区域，还是同专业院校的特色资源共建共享，在一定程度上不仅可以弥补资源保障的不足，还可以促进地区之间的协同建设与发展。

1. 特色资源共建共享是图书馆与时俱进的需要

21世纪是知识创新的时代，知识信息的骤增导致信息承载体的扩大。作为知识载体之一的图书馆，更是面对大量冗余信息的采集、加工和整合，并以此为广大读者提供有价值的信息。同时，科学技术更新速度的加快，使得图书馆不得不紧追时代发展的步伐，不断创新服务方式，以最大限度满足读者日益增长的信息需求。但是，由于经费、人力和馆舍条件的限制，任何一个图书馆都不可能把所有文献收集齐全，加工整理并迅速传递。因此，图书馆间的合作带来的相互依赖性逐渐提高，图书馆之间走联盟合作发展的道路成为一种新的发展形势，资源的共建共享更是成为未来数字图书馆的发展趋势。

2. 特色资源共建共享为科研活动提供信息保障

对于从事地域文化研究的专家学者来说，在其科研活动中，需要对特定时期该地域的历史人物、文化遗产、文学艺术等进行了解，需要图书馆给予他们充足的地方文献信息资源帮助。各地图书馆将分散的地方文化特色资源进行搜集整理，进行区域内特色文献信息资源的整合，大大满足了研究地方文化的专家学者的需求，使他们在足不出户的情况下，借助网络就可以完成对地方文化历史的研究和利用。不同地区的特色文献资源的共建共享更是为此类科研活动提供了信息保障。

3. 特色资源共建共享间接促进地方经济与文化建设

图书馆是人类知识的宝库和人类文献信息资源的中心，担负着为区域经济发展和文化建设服务的伟大使命。没有地方文化的支持，地方经济的发展就缺乏后劲和推动力。地方特色资源反映了该地区政治变革、经济发展、人文文化等发展情况，它在为当地政治、经济服务的同时，通过区域内图书馆特色资源数据库的共建共享，成为宣传本地的一扇窗口，使更多读者方便快捷地了解该区域各种文化资源情况，加强文化资源对外宣传，从而吸引外商进行商业投资和旅游资源的开发，促进区域经济的发展。

4. 特色资源共建共享实现了知识增值

区域内特色信息资源的共建共享克服了长期以来地方文献资源只为当地政府、学者和企业服务的局限，通过共建共享体系地方特色信息资源可以走出当地，被更多的学者和科研人员了解、熟知并加以利用。在这样一个知识相互传播、相互利用的过程中，知识的价值也随之增加。

综上所述，特色资源建设对图书馆馆藏资源及网络环境下信息资源的共建共享起着积极的作用。要在局部与整体、大系统与小系统合作协调的基础上，在资源共建共享的思想指导下，从各馆实际出发，制订本馆可行的具体规划。明确哪些文献是本馆的重点建设，同时也要明确网络资源开发中所起的作用和担负的任务，通过网络信息咨询员弥补本馆信息资源不足的缺陷，建立各馆各具特色的馆藏体系，发挥特色优势。

二、特色资源共建共享的原则

在特色文献资源数据库共建共享过程中，存在建设单位众多、涉及的学科面广、主题丰富、人物与地域文化浓厚等特点，使得数据库建设体现着不同地域或者不同专业的特色。因此，要严格遵循一定的建设原则和要求。

（一）参建馆遵循的原则

共享体系中各成员馆之间相对平衡的利益分配，以利益调节、调动各方面的积极性，促进图书馆特色资源共享体系的共建，主要包括参建馆与读者个体等社会用户群的利益、参建馆自身利益与其他参建馆之间的利益、参建馆内部人员的利益等。

1. 读者满意、服务读者的原则

遵循读者满意、服务读者的原则，协调图书馆与读者用户群之间的利益。信息资源共享由国家政府投资，最终是使读者受益。其定位应是教育与科研的服务系统，对用户免费是其本质要求，也是使其发挥最大作用的根本保障。因此，各馆要在条件许可的范围内使读者满意。对于自行投资建设的单位，可以由有偿服务逐渐向无偿方式转变，为读者提供现实的、可靠的信息服务，这必将会使图书馆工作得到领导的肯定和群众的支持，使资源共享具备坚实的群众基础。

2. 平等自愿、互惠互利的原则

遵循平等自愿、互惠互利的原则，协调参建馆自身利益与其他参建馆之间的利益。信息资源共享不是一个单纯的公益行为，信息资源共建共享中的成本和利益是需要考虑的重要因素。信息共享的哲学不是利他主义，而是互惠互利，按照效率优先、兼顾公平的原则，确立各馆是权利与义务均衡的行为主体，激发其参与共建共享的积极性。同时，互惠互利与平等自愿是互为基础、密不可分的。因此，每个参建馆都必须承担向其他参建馆提供资源的义务，也必须分担网络运行和管理的费用，要使特色资源共享得以持续发展，还必须对享受共享服务的用户适当地收取费用。这一方面是对资源提供者的一种资金补偿；另一方面，可以通过费用的高低来调控资源的利用，同时也对资源使用者起到约束作用。

3. 维护图书馆内部人员利益的原则

在现代化进程中，业务能力将成为从业者的核心竞争力，支持从业者学习是对其最大的关心，提高其业务能力正是维护他们的根本利益。设立负责特色资源共享的小组规划、考核这项特色资源共建共享工作，并将图书馆员工在这项工作中的态度与贡献列为其业绩考核的重要指标之一，发挥激励、约束功能，促使全员投入。

（二）资源选择的原则

图书馆数字特色资源选择要依据确定的标准进行相符性判断，将符合建设原则和条件的原始特色资源遴选出来，进行数字化加工后，发布到特定平台实现共享。良好的选择原则有助于确保以尽可能低的成本将最重要和最有用的信息资源进行数字化，避免知识产权纠纷，产生良好的社会效益和尽可能高的投资回报。

1. 知识产权保证原则

必须根据相应的法律对特色资源的知识产权进行管理，任何对其存取的可能限制必须通过本单位的现行机制进行有效管理。目前，图书馆数字特色资源建设主要是针对已有的特色馆藏资源和收集地方特色资源为主，其资源的产权归属有三种情况：一是不存在产权纠纷的资源，这类资源可以自由进行开发建设，如已购买的纸本资源；二是产权归实施数字化机构所有，这类资源在进行数字化之前需要单位内部许可，如购买的数据库资源；三是产权归他人所有，这类资源在数字化之前必须得到产权所有者的书面许可，如收集的地方人物志、家谱等。因此，针对保护共建共享的特色资源应采取相应的数字技术，以保证特色资源建设过程中的知识产权保护。

2. 知识增值原则

特色资源的建设首先要从原始资源着手。特色资源不仅仅是原始资源的再现，还应该具有价值的增值。影响特色资源的知识价值因素有很多，但主要包括资源的唯一性、相关价值，对相关主题领域理解的重要性，对相关主题领域覆盖的广度和深度、实用性和准确度，特定主题领域中其他载体记录质量差的信息内容，具有强化项目实施的历史价值以及资源数字化后潜在的长期价值等。另外，特色文献知识价值也可能包括管理价值、艺术价值、市场价值。但是，特色资源价值增值性判断在很大程度上具有主观性，其结果可能因人而异。

3. 用户保障原则

用户保障的本质就是特色资源利用率。从理论上讲，图书馆特色资源数字化项目应把有限的资金用在利用率高的资源数字化上。首先，要对特色资源利用率高的原因进行分析，如果主要用户群体分布在本地，且类似文献又不存在，这类文献的利用率自然可能高，但进行数字化后发布在网络上，其利用率将会如何就比较难以判断；其次，文献利用率有时与文献的知识价值并不一致，有些具有高知识价值的文献由于存放地点和图书馆存取方针的限制或目录的不完整等因素，可能导致利用率偏低；再次，利用率与文献的物理状态也有关系，一些文献的物理状态限制了用户对其访问，如易损载体的文献、古旧的书稿等；最后，在多馆合作进行特色资源共建中，一些大部头的系列文献分散在各成员单位，对这些文献的访问率可能较低，但进行数字化后可能形成完整的虚拟馆藏，其访问率就可能提高。

4. 数字保存原则

为了保存需要，特色资源选择时要充分考虑资源的安全数字化，包括原始信息资源的状态允许被完全数字化；特色资源数字化实施过程需要搬运原始资料时，其状态适合于搬运；尽可能扫描原始资源的替代品（如照片），从而减少对原始资源的损伤；被数字化特色资源产品必须建档，并制定由于时间和技术变化等因素导致的长期维护策略。数字保存的另一层含义是保护易碎载体的原始资源。数字资源的本身就是原始资源的新版本，可以代替原始资源供用户访问，并由此减少对原始文献的操作从而使其得到保护。

5. 避免重复原则

在特色馆藏建设过程中，要摒弃大而全、小而全的思想。根据图书馆的发展目标，充分考虑特色资源的特点，以各馆对特色资源需求为建设重点，结合当地地方发展形势，有针对性、有步骤地构建及开发特色馆藏资源。对于已有的特色馆藏资源，要考虑其质量、保存状况及内容能否满足用户需要，以及对选取的特色资源进行评估。一般来讲，在进行特色资源建设初期，必须要集合参建馆对所建设的特色资源进行考察，以便了解特色资源馆藏现状和其进行共享建设的成本效益，尽可能地减少在财力、人力、物力方面的重复浪费。

（三）数据库构建原则

1. 标准化原则

标准化是信息组织的生命，是资源共享的基石。数字资源的加工和数据库的建设存在一系列的数据格式标准和元数据规范。为了实现资源有效共享，特色资源建设单位应按照"统一平台、统一标准、统一发布"的管理思路，依据"统筹规划、分别承担、分散建设"的要求，由特色资源建设总中心对分散在各地的图书馆的特色资源进行统一发布。因此，各承建单位在项目建设中必须遵循通用性与标准化原则，包括统一元数据标准、遵守软件设计规范和有关文献分类标引著录规则等要求，采用具有规范化的特色库援建模式和标准化的数据格式、库结构及检索算法。同时，充分考虑与CALIS、NSTL（National Science and Technology Library，国家科技图书馆文献中心）、CSDL（Chinese Science Digital Library，国家科学数字图书馆）等标准和系统的兼容，采用与国家标准相一致的产品。

2. 实用性原则

特色资源项目的选择应注重满足社会经济和教学科研发展的实际需要，既重视资源数字化过程中文献信息资源的系统完整和各类信息资源之间的相互联系，同时也从读者使用、读者数量和资源质量的角度，优先保障重点学科，兼顾普通学科，逐步完善学科覆盖面的思路出发，最终形成合理的信息资源建设体系。同时，结合省域人员、资源、技术的实际情况，根据需求采取量力而行的方案与举措。已建成的特色资源数据库应该对教学科研工作和社会文化建设、经济建设等具有一定的推动作用。

3. 安全性原则

目前，网络环境和信息技术还存在诸多不安全的因素，给信息组织和资源存储带来一系列的隐患。特色资源数据库的建设过程中，要对大量的文献进行数字化加工、存储、发布和管理，并利用网络为众多的终端用户提供各种信息服务，因此系统的安全性十分重要。在建设过程中，既要选择技术成熟、性能安全可靠的信息存储设备，又要采用技术先进的网络管理系统，确保网络系统的安全性和数据的可靠性。要将特色资源数据库的大量数据分为在线存储区和近线存储区，并实现所有数据的统一归档、备份。

4. 核心性原则

特色资源数据库的建设涉及规划设计、项目评估、资源加工、资源组织、平台建设、网络服务等诸多方面。只有把握重点，从关键性、核心性、全局性出发，统筹规划、合理布局、分工合作，有重点地进行分期分批建设，侧重支持特色鲜明、资源优势明显的项目建设，才能形成具有较强整体功能的信息资源体系。

5. 合法性原则

数据库的建设是一项系统工程，知识产权保护是其核心内容之一。知识产权保护贯穿于数字资源加工、组织、管理、传播和使用的各个环节。特色文献数据库的建设应根据不同类型文献存在的法律形态，充分尊重不同著作权人的授权意愿，采取区别对待的原则，为信息资源的有效共享与利用奠定基础。特色资源共建共享建设必须遵守国家知识产权保护法，所有数据来源要产权清晰，发布的一切信息必须符合知识产权保护的要求。这样才能保证数据库的可持续发展。

综上所述，特色资源共享体系作为一个系统性建设工程，无论是规划设计还是具体过程的实施都应该遵循一定的原则，在上述各方面的原则基础上，提高图书馆核心竞争力。图书馆竞争力的提高必须在文献资源建设上下功夫，即提高资源的竞争力。因此，在特色资源共建共享指导原则下，结合共享体系建设自身特有的一些基本原则。根据单位所在地区的历史、地理、政治、经济和科学文化发展的显著特点与优势，根据读者的需求及本单位原有的馆藏基础，根据文献资源保障中心的分工安排等实际情况，围绕某一领域或学科，集中本馆的人、财、物等有利条件，加强精品资源建设，打造特色品牌资源，建设具有鲜明特色的馆藏资源体系。

三、特色资源共建共享的策略

特色馆藏不仅是传统图书馆的精华，而且也是数字图书馆内容建设的基础。目前处在一个全新的数字环境中，网络使人们学习和获取信息的方式发生了改变，面对海量的文献资源，用户越来越缺乏耐心，读者的需求也越来越不容易把握，这就迫使图书馆要提供差别化服务，其资源也要具备特色。随着现代网络技术的发展，为了避免资源的重复建设，也为了提高资源的利用率，图书馆需要对特色资源共建共享作出周密的规划方案，进而为教育和科研提供完整的文献保障，促进当地文化和经济的发展。

（一）共建共享特色资源的选择策略

图书馆随着社会的发展，不再仅仅是一座"藏书楼"。面对新的挑战，不同区域、不同类型的图书馆建设特色资源时，需突出地方、学科、历史等特色，这样才能更好地实现特色资源的共建共享。

1. 构建具有地方特色的特色资源

地方特色资源就是以本地区经济、文化、历史、地域特点为基础，以本地区、本单位的优势学科为依托，建立起来的馆藏资源，如云南、西藏、内蒙古、新疆等少数民族地区的民族文化、民俗传统和特殊的地理、地貌。在漫长的发展过程中，各少数民族创造了自己独有的、丰富的民族文化，这些独有的文化资源是研究当地少数民族问题的特色资源，是其他地方所没有的。各图书馆可结合当地的民风、民情，大力挖掘物质和非物质的民俗内容，形成具有特色的民俗文化馆藏。民俗是人类所创造的物质与精神文明的历史积淀，民俗文化是社会生活的一种模式，具有世代相袭的稳定性，是一个民族深层文化积淀的产物，是中华民族先进文化的重要组成部分。同时，各图书馆也可根据本地区的政治、经济、社会和文化等方面的特色，收集反映本地区的研究课题、出版物、地方专题等具有一定地域的文献或与地方政治、经济和文化发展密切相关的资源，建立具有研究级水平的藏书体系和突出地方特色的地方文献部。这样既突出了独一无二的地方特色，又为学者研究本地区的民俗风情、编纂新修方志、开发特色旅游资源、发掘传统经济等科学研究和社会发展服务，促进本区域经济文化的发展。

2. 收集具有历史特色的特色资源

图书馆要保存和梳理地方的史前文化、家谱、历史人物、地方史料等具有历史文化积淀的非物质文化遗产。图书馆可逐步搜集和完善当地龙头姓氏的族谱、家谱及历史名人贤达的著作、手稿、传记等文史资料，并纳入自己的特色馆藏体系。通过其中蕴藏的内涵，可了解社会结构、宗教制度、民族史、家族史等具有重要价值的历史文化，为社会学、人口学、民族学、经济史的研究和文艺创作等方面提供宝贵的资料，从中可以寻找文化资源与地方社会经济发展的联系、规律，从而促进经济发展和弘扬地方文化特色。同时，也可以作为教学、科研的第一手资料，为阅读、教学、研究提供便利的服务。目前，不少学者认识到历史资料的重要价值并利用其取得了丰硕的成果。例如，从孔府家谱中可以考证曲阜孔府的世系、世表、墓记、祠堂记、家规家训等内容；从裴氏家谱中可以了解裴氏世袭子孙的来龙去脉；而吴仁安利用家谱、方志等撰成《明清时期上海地区的著姓望族》、刘志伟运用家谱和其他人口资料撰成《明清广东里甲赋役制度研究》、钱杭则通过家谱及深入调查撰成《江西泰和农村宗族形成》、葛剑雄运用家谱和其他史料撰成《中国移民史》，等等。

3. 挖掘具有馆藏特色的特色资源

馆藏特色资源是指其他图书馆所不具备或只有少数图书馆具备的特色馆藏，或因散在各处而难以被利用的资源，具有稀缺性、不可再生性、文化或学术独特性、系统积累和传承性等特点。信息技术的广泛应用带来的新环境和新需求是图书馆发展的驱动力。例如，高校图书馆具有明确的教育性、专业性和学术性等特性，结合本校的专业设置、办学风格、培养目标等特点，通过纸质文献与电子文献、实体馆藏与虚拟馆藏、馆际互借与资源开发的结合，逐步建立各具特色的馆藏资源体系，使馆藏信息资源配置合理化、数量最大化、质量最优化和利用高效化，从而满足读者对特定知识的需求或实现某些特定的目标。如北京大学图书馆设置了古文献资源库、北京历史地理数据库、北京大学学位论文数据库、北大名师数据库、热点话题数据库、视频点播多媒体数据库等特色的馆藏资源。

此外，高校教师所著、所编、所译的学术著作，发表的学术论文、科研成果报告、改革方案，本校召开的学术会议的文献，教师外出参加学术会议带回的文献，出国人员带回的文献资料，以及有价值的赠送资料和教授、研究馆员、博导、硕导、博士生的国家级、省级科研基金项目，特色学科师生互动的多媒体教学课件，聘请相关专业专家和研究生搜集到的最前沿的学科信息资源，本校学报发表的论文等都是具有自身特色的文献和信息资源，把这些极富特色的资源积极数字化并建成本校特色资源数据库供用户使用，将具有重要的意义和利用价值。

4. 建设具有学科特色的特色资源

学科特色资源主要体现在以高校为主的图书馆。高校图书馆作为高等教育事业的重要组成部分，与教学、科研是密不可分的，其主要的服务对象是教师、大学生。因此，高校图书馆应当有计划、有目的地围绕学校专业、学科特点及自身的服务指向，从所在学校的发展规划和学科队伍现状出发，分清主次、突出学术性特色，为某重点学科或某特定专题交叉学科和前沿学科提供能体现高等教育特色的资源，为特定用户、重点学科提供全面、实用的特定信息服务。同时，高校图书馆还应注重服务信息的多向性开发，不断对特色数据库进行深加工，有计划、有重点、有步骤地拓展学科特色化的馆藏文献资料信息空间，将及时而实用的电子信息资源送上校园网，最大限度地满足各种类型的读者需求，发挥图书馆的功能，使高校图书馆成为真正意义上的文献信息中心、学术交流中心、文化教育中心、科研成果中心，全力推进高校图书馆的可持续发展。如北京大学图书馆建立了科研成果在线（机构库），而清华大学图书馆则建立了收藏中外文法律图书、国内外法律期刊、电子出版物等富有专业特色的法律图书馆，为法学院的教学、科研工作提供具有专业性、学术性的特色服务。

(二)实现特色资源共建共享的策略

1. 提高特色资源共建共享的认识

随着信息时代的快速发展,人类必将迎来全球信息网络化的新时代,科技文献信息资源是国家科技创新体系的重要支撑和基本保障条件。诚如诺贝尔奖获得者、美国耶鲁大学教授莱德博格所说:"科学的繁荣需要很多条件,但与同行的有效学术沟通显得尤其重要,阅读科学文献正是帮助科学家达到目的的最好途径"。由此可见,让更多的人能够看到更多的文献信息资源对于科学的发展具有多么重要的作用。同样,实现特色资源共建共享也是图书情报事业发展的需求,更是人类能够最大限度地利用文献信息的需要。因此,图书管理工作者要从根本上改变过去那种"等、靠、要"和无所作为的工作观念,克服求稳怕乱、封闭保守的落后思想,改变重藏轻用以及满足于自给自足的工作作风,在思想上彻底扭转"大而全""小而全"的保守主义和本位主义观念,由小到大,由点及面,由浅入深,逐步探索,从而尽快建立网络环境下的特色资源共建共享保障体系。

2. 加强共建共享工作的组织保障

数字图书馆特色资源共建共享与文献信息资源共建共享一样,是一项庞大繁杂、有一定难度的社会系统工程,具有覆盖面大、渗透性强的特点,要做好此项工作必须打破"条块分割、各自为政"的格局,为共建共享扫除体制上的障碍。加强信息资源建设的宏观调控,建立各级权威管理机构或协调工作领导小组,明确目标,制定正确可行的政策标准,领导和协调特色资源建设的规划和实施。当前我国在创建自主知识产权、强调自主科技创新的进程中,已深刻地认识到了信息资源共建共享的重要意义。因此,在特色资源建设过程中,组织机构上是虚拟的,但在共建共享业务上的领导、组织、协调、管理方面却是现实的。在组织形式上打破了我国现行的行政管理体系,特别是科技文献信息系统内条块分割的局面,淡化了行政隶属色彩,推进了不同系统、不同部门的文献服务机构的联合,使特色信息资源共建共享能够发挥巨大的作用。

3. 完善特色资源共建共享的建设体系

首先,各图书馆应开展馆藏特色资源的调查工作,对本馆收藏的特色资源的类型、数量、学科等做到心中有数，了解本馆的任务和目标，对重点学科、读者群体参与共建共享的环境进行分析，根据现实和潜在的特色资源利用需求，大力加强特色资源的可持续性建设，以提高特色资源收藏的相对完备程度。只有在不断提高本馆馆藏特色资源保障程度的基础上，才能够形成本地区、本系统乃至更大范围的保障体系。其次，各馆之间应加强沟通与协调，统筹规划，通过分工协作，互通有无，减少重复和遗漏收藏，扩大学科覆盖面，坚决走馆际联合和资源共建共享的道路，利用馆际互借、网上信息传递等手段扩大充实特色资源。

4. 建立特色资源工作的标准化体系

标准化是网络化的必要条件，数据格式、描述语言、标引语言只有符合公认的统一标准，才能实现用户与系统、系统与系统之间的有效沟通，共建共享体系的建设必须建立在较高的标准化基础之上。无论是文献的采集、分编、加工和组织，还是文献的整合、开发、揭示和共享，各馆都必须建立一套科学合理的规范标准，同时加以自觉遵守。文献资源共享的前提是共建，使各个图书馆馆藏文献数据上网并能够交换，是信息时代文献资源共享的最有效途径。编目规则的统一有利于图书馆数据的交流与传输，有利于资源的节约和充分利用。因此，应加强图书馆业务工作的集中化、标准化、规范化建设，健全各图书馆统一文献检索体系，为开展集中采购、联机编目、联机检索奠定良好的基础。在统一标准的前提下，加快建立一批国家级的大型标准馆藏特色资源数据库，以形成支持特色资源共建共享网络体系的基础设施资源。目前，图书馆中还存在着分类标准不统一、不能严格按照MARK格式进行著录、检索软件缺乏兼容性等问题。因此，各图书馆要强化自身馆藏数据库的标准化、规范化建设，要加强书目资源数据库的建设，必须强调坚持数据标准和数据共享原则，只有格式化、标准化，才能实现数据的转换、交换、兼容和不同系统之间的资源共享，从而搭起本馆与其他图书馆乃至国外图书馆的沟通桥梁。

5. 提高人才素质，发展各种网络化信息服务

特色资源的共建共享归根结底是为了方便广大读者，离开了用户就失去了共建共享的必要。由于共建共享网络采用了先进的电子技术和通信技术，这就要不断提高读者的文献检索能力与应用能力，培养用户的信息意识，使

他们尽快掌握网络的数据信息，提高检索效率，而这一切全部取决于现有图书管理人员的事业心及业务技能的强弱。因此，要多途径、多层次大力培养懂外语、懂专业、懂计算机的复合型人才。图书管理人员不仅要谙熟本专业知识，还要具备一定的计算机及网络技术的运用技能，能够开发、储存和传递深层次的文献信息，使他们能够了解本专业发展的最新动态，掌握各种新技术、新方法，拓展知识面，全面提高内在素质，建设一支与文献信息资源共建共享网络相适应的专业队伍，这是图书馆做好共建共享工作的基本保障。

图书馆间的合作交流，共知是前提，共建是保障，共享是目标。共建共享机制是推动文献资源建设的重要基础，是加快图书馆事业发展的一项重要举措，完全符合网络环境下文献资源建设的发展潮流，开拓了全新的图书文献服务模式。当前，各图书馆应当努力解决所面临的各种问题，增强"大图书馆""大服务"的观念，认真做好"为人找书、为书找人"的工作，协作采购、规范加工、联合上网、共建共享，大力倡导资源的共建，在共建资源的基础上，致力于共享资源目标的实现。资源共建是通向资源共享的必由之路，通过资源共建，必将促使图书馆整体服务功能的增强，为最终实现真正的、彻底的资源共享打下坚实的基础。

第三节 云计算下的数字图书馆特色资源

在信息革命的推动下,全球数字图书馆的建设和研究工作如雨后春笋般不断涌现,本节将在新技术环境下介绍数字图书馆的最新发展模式,探究特色资源的整合与发展,特色服务的创新方式,并提供一个典型案例。

一、云计算下的特色资源整合与共享

(一)云计算下特色资源整合与共享的新机遇

信息时代的到来,网络技术的不断更新,决定了特色信息资源的发展趋势是实行共建共享,关于这一点在我国图书馆同行中已经达成了普遍共识。实行特色资源的共建共享是解决知识信息剧增与单个图书馆馆藏能力不足这一矛盾的有效途径。

但是,图书馆目前采用的现代信息技术应用的局限性制约着图书馆特色信息资源共建共享的进一步发展。现代信息技术的应用是不断发展的过程,目前的图书馆采用的一些技术也存在一定的缺陷,如计算机及其配件市场比较混杂,升级换代频繁,给信息技术工作者的选择带来困难,增加了工作强度和难度;通信线路传输速率低,尤其是在传递多媒体信息时更显能力不足。要促进图书馆特色信息资源的共建共享更上一个台阶,就需要解决这些制约发展的瓶颈。

针对上面提到的图书馆现采用的信息技术,给图书馆信息资源共建共享带来的发展缺陷,正好是"云计算"解决的问题。一是"云计算"对用户终端要求不高,一般只需服务器集群升级换代即可,而服务器集群由专人负责,所以,对图书馆来说,云计算不但能解决升级换代频繁带来的困难,还能节约硬件升级及维护费用,有关的技术人员不必在升级图书馆的相关硬件上煞费苦心,工作强度大大降低了,就能有更多的时间开展其他工作。二是要实现"云计算",就需要存在一片有着强大能量的云,即网络连接和强大的网络计算能力。而云计算的无限带宽网络,就能有效地解决信息传输过程中的带宽不足、速率低的问题。此外,在"云计算"环境下建构图书馆特色信息

资源共建共享模式，还可以避免图书馆的资源重复建设，节约图书馆的成本，将庞大的异构资源有机地整合起来，提供统一平台，实现信息资源的全面共享。

云计算颠覆了传统的特色资源利用方式。云计算的核心是海量数据的存储和计算。由几十万台甚至几百万台计算机构成的计算机群对信息进行聚合和分布处理，然后通过网络对客户提供服务。这样，用户只需使用计算机、手机、PDA等终端设备接入互联网，便可获取需要的信息服务。在未来，只需要一台笔记本电脑或者一部手机就可以通过网络服务实现用户需要的一切，甚至包括一些个人计算机无法应对的超级计算任务。

云计算提供了最可靠、最安全的数据存储中心，有利于降低数字图书馆信息资源共享的安全风险，提高了数字图书馆特色信息资源的安全性。目前，阻碍数字图书馆信息资源共享的主要问题仍是信息安全问题。馆藏数据库一旦发生感染病毒、设备损坏造成的数据丢失、破坏等情形，后果不堪设想，而云计算的冗余存储、容灾机制能有效解决这一问题。使用云计算服务的用户，他们的数据库将不在用户自己的数据中心里，而是位于云中心，由数据中心的管理者集中对数据进行统一管理、分配资源、均衡负载、部署软件、控制安全，并进行可靠的安全实时监测，从而可使馆藏数据得到最大限度的安全保证。云计算提供了最可靠、最安全的数据存储中心，用户不用再担心数据丢失、病毒入侵等麻烦。云服务端有专业的团队管理信息，有先进的数据中心保存数据，严格的权限管理策略还可以帮助用户指定的人共享数据。图书馆可以根据用户信息需求的不同，将用户从低级到高级划分为若干个层级，根据不同的层级设置不同的资源层访问权限，严格控制用户对共享资源的访问，确保数据安全。

云计算提供了云端设备和技术，有利于缩减图书馆信息资源共享实现成本，降低了特色信息资源的共享成本。目前，各图书馆为了使用最新的操作系统，不断对工作人员的PC机进行升级换代。在云计算模式下，PC机的定义将发生很大的改变，计算的架构从过去集中于PC或服务器的某一"端"走向"云+端"。软件企业的业务模式从软件走向"软件+服务"。图书馆将不必购买本地安装的自动化系统及开发软件，由云计算提供商提供具体的硬件软件和更新，降低了用户端的设备要求，用户所需要做的只是通过各种上网设备享受云服务所提供的自己需求的资源。可以想象，这种模式若应用于图书馆信息资源共享系统,将节约大量设备、人力等方面的投入成本,从而达到缩减信息资源共享成本的目的。云计算服务提供的是按需服务,基于某个特定应用程序的成本不再是用户个人承担,而是由所有使用用户均摊,用户只需为自己所使用部分付费,降低了数据运行的建设成本。使用过程中用户只需要通过互联网连接云计算中心,不必购买服务器和存储装置,不需要自行升级软件,也不需要专门的技术团队来维护数据中心的正常运行,从而降低了运行和维护成本。

加强特色信息资源整合并兼顾个性定制。云计算的基础是"整合"的思想,采用统一的基础架构诸如硬件、软件、服务等,在对资源的利用方面不用考虑传输协议、数据结构等对信息资源的整合。简言之,在图书馆领域,各图书馆的各种编目信息、自建资源等可以借用一朵"云"统一结合起来,内容高度融合,用户通过网络获取他们想要的文献,但他们只需要关注获取过程本身,无须理会界面之后的繁复运作,各高校图书馆的信息资源将得到真正的整合和共享。几乎每个云计算服务提供商都提供了开放 API,把开放环境、应用程序运行环境、数据库环境等作为一种服务来提供给使用者,让使用者能够自定义开发更加适合自己特色业务的应用程序。

云计算提供了不同数据库间的应用与共享环境,有利于扩大图书馆信息资源共享范围。目前,我国图书馆网络数据基本上处于"分布式存储""分布式访问"的状况,各种数据资源都有自己的数据结构、组织形式、查询方式以及显示界面,用户为了查准、查全所需要的资料,需要进入不同的查询系统和熟悉每个数据库的检索方式和显示格式。而云计算可以在技术和管理上将分布式存储在不同设备上的数据库统一通过对数据库的多样性格式进行屏蔽,为用户提供统一的检索入口,使用户可以方便透明地访问多个数据库,极大地提高了信息检索的效率,扩大了共享范围。

(二)云计算下特色资源整合与共享的发展对策

与传统图书馆相比,云共享服务模式改变了面向用户的计算服务方式,也带来了诸多云计算的安全问题,开放的接口为非法访问提供了可能。使得对数据的存储、传输、平台的可靠性及持续发展性产生了新的威胁,只有认真分析云共享面临的这些安全威胁,从云存储系统建设、云安全维护策略制定及安全防范、管理制度上入手,有针对性地采取有效安全措施,才能确保云共享的安全、可靠与长久运行,更好地为用户服务。

1. 协商制定科学有效的云特色信息资源共享相关准则

图书馆特色信息资源进行云共享的相关准则，除参考和依据有关国家、行业标准外，一些具体的准则如权益分配、维护权限等，则要根据共享的服务内容、服务方式及服务范围等进行科学协商，制定出科学有效的云共享相关准则，以便对图书馆各方的权利、职责与权限进行划分，防止出现问题时的责任难分现象。同时，在选择云服务商时，依据云共享的规模和建设思路，要选择安全设备较高、信誉度较高、安全防护体系较高的提供商。

2. 提高云中共享资源的威胁监测能力

为了提高云中所存数据的安全性，目前部分云提供商已采取了一些监测手段，如数据审计等，以便高效、准确快速地监测到存储数据所存在的可能威胁，这种检测已成为云安全防护体系的重要部分。在云环境下，云共享为图书馆用户利用云平台提供了开放的接口，对客户端存在的威胁进行检测和防护，并利用病毒行为监控技术防范未知威胁。客户端可将本地不能识别的可疑流量及时送到云端检测中心，利用云端计算能力快速分析安全威胁，并将获取的威胁特征推送到全部客户端和安全网关，使云共享系统和客户端都具备云安全监测、防范的能力。此外，还可建立专门的云安全集中中心，以保障云图书馆核心业务安全，有效地节约云图书馆安全建设经费。

3. 在云共享的信息传输中采用数据隐藏技术

云的开放性与云共享信息资料传输过程中可能存在的信息截取、修改、替换等威胁，使得图书馆与云之间的信息交互过程成为最有可能遭到信息破坏的环节之一，一些云提供商要求用加密的手段以防数据在传输中遇到的种种威胁。其实，在云安全体系的监测保证下，采用加密存储能够保证所存数据的安全运行，但在传输过程中，经过加密处理的密文由于是一组乱码，当攻击者发现信道存在密文时，就会利用已有的各种攻击方法对密文进行截获与破译。尽管加密不易被解密，但通信易被第三方察觉，一定程度上向攻击者明确提示了重要信息的存在，所以容易引起攻击者的注意，进而遭受到干扰和攻击，导致信息传输过程中存在的威胁性大增。对于图书馆的核心数据，如财务信息、读者信息等，可采用目前在军事界应用较为广泛的信息隐藏技术，信息隐藏是将机密信息秘密隐藏于另一公开信息（载体、宿主、掩体对象）中，即将秘密信息（嵌入对象）嵌入另一表面看起来普通的信息载体中，然后通过该公开信息（隐藏对象）的传输来传递秘密信息，第三方（攻击方）很难从公开信息中判断机密信息是否存在，既无法直观地判断他所监视的信息中是否含有秘密信息，降低了机密信息的截获率，也从根本上降低了传输中数据遭到破坏的威胁性。

4. 建设两个云共享中心

利用云进行图书馆信息资源的共享有低成本、快速部署、管理简便、可靠性高及数据灾难备份等优势。但为了保证云共享的可靠性和持续性发展，图书馆云共享建设中需建设云共享主存储服务中心和备份云共享存储服务中心两个完全相同的跨地域云存储数据中心，形成一个跨地域的统一安全存储平台。图书馆云共享主存储服务中心和备份云共享存储服务中心以负载均衡方式工作，并定期由主中心向备份中心进行数据备份迁移。于是，当主中心遭受攻击或因不可抗拒因素停止工作时，备份中心就能保障图书馆云共享存储中心的数据安全及服务不间断，解决以往困惑人们的持续性和可靠性问题。

二、云计算下特色资源整合与共享的构建模型

构建图书馆特色信息资源共享系统应遵循信息系统的一般模型。鉴于图书馆基于云计算特色信息资源共享系统的特殊性，需要对元数据进行处理，对现有的资源进行封装，以便于系统的查询、用户需求的匹配。因此，在云计算体系结构的基础上，给出个性化的图书馆特色信息资源共享系统结构模型（见图11）。

服务层				
服务接口	服务注册	资源查找	课题咨询	信息交流

事务管理层				
应用监控	用户管理	任务管理	资源管理	安全管理

虚拟管理层			
计算资源池	数据资源池	网络资源池	存储资源池

物理资源层				
计算机	服务器	储存设备	数据库	网络设备

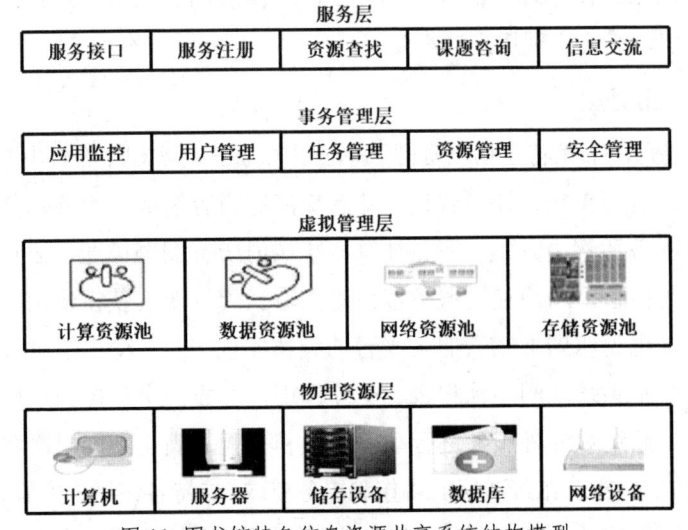

图11 图书馆特色信息资源共享系统结构模型

其中各部分的任务、功能及可使用技术包括以下内容：

（一）物理资源层

物理资源层是图书馆特色信息资源共享云计算系统的最底层，提供的最基本的硬件资源有计算机、服务器、存储设备、数据库、网络设备等。在这个模型中，对于计算机的硬件要求很低，可以使用价格低廉的PC机，通过分布式技术和虚拟化技术将分散的计算机组成一个提供超强功能集群用于计算和存储云计算操作。

（二）虚拟管理层

虚拟管理层是图书馆信息资源共享云计算系统的第二层，虚拟化是云计算的核心设计技术。通过虚拟化技术将物理资源层大量相同类型的资源构成同结构或结构相似的资源池，消除物理硬件的限制，降低了硬件管理复杂度，提高了硬件资源的利用率，有效控制其成本，保证了信息资源共享系统的可扩展性，目的是为上层提供共享的资源。

（三）事物管理层

事物管理层是整个图书馆信息资源共享云计算系统的核心部分，由应用监控、用户管理、任务管理、资源管理、安全管理等内容组成。主要功能是利用云计算技术将资源层提交的受控资源整合在一起。供虚拟组织的应用程序共享、调用。在管理层的有效调控下，资源层的各项资源通过一系列作用抵达服务层，最终实现用户的需要。

（四）服务层

服务层是图书馆特色信息资源共享云计算系统的实现平台，由服务接口、服务注册、资源查找、课题咨询、信息交流等内容组成。主要功能是向用户提供应用服务和解决方案，在云计算共享域内所有图书馆通过云计算网络，建立统一的接口，用户通过服务接口进入数据库资源，获得借阅、咨询及其他服务，这也说明图书馆云服务平台的具体实现层——特色信息资源共享系统中，各个子系统之间相辅相成、交互作用，形成一个可控的适应的云计算服务体系，通过对各种服务进行动态管理和分配，满足不同层次和规模的数字图书馆需求，支持馆级透明的协作和服务获取，支持各馆用户的聚合和参与，支持多馆协作的社会化网络的构建，支持多馆资源的共建共享，具有自适应扩展的能力。如果图书馆云服务能真正地建立起来，就能彻底解决现阶段图书馆特色资源共建共享面临的问题。

云计算的价值不仅体现在先进的技术本身，更体现在技术应用理念方面。它给数字图书馆特色信息资源的共享带来了一种新的思路。云计算在图书馆的应用将是未来图书馆发展的一个趋势，它可以将庞大的异构资源有机地整合起来，提供统一平台，实现特色信息资源的全面共享。随着云计算的研究与应用升级，图书馆应用云进行信息资源的共享、计算与服务不再遥远。

当然，真正实现云计算环境下的信息资源共享要解决的不仅仅是技术问题，还涉及政策法规制度、数据版权、机构管理、信息安全、个人信息隐私等方方面面的问题。然而云计算确实能为图书馆带来更多价值。云计算的应用可以使图书馆人更加专注于自己的特色信息资源的共建共享，摆脱IT的束缚，并使得特色信息资源的建设可以进行更大范围的协作、共享，提供更优质的服务。

参考文献

[1] 王曦阳，胡去非．新公共服务理论述评[J]．教科文汇，2006，(4)（下半月刊）．

[2] 黄蓉．图书馆可持续发展的有效途径[J]．黑龙江史志，2009，(12)：45-46．

[3] 严浪．大数据在图书馆的应用与对策[J]．图书馆学刊，2014，(5)：54-57．

[4] 王平．云计算关键技术在数字图书馆中的应用研究[J]．情报资料工作，2010(5)：52-56．

[5] 王满．基于大数据背景的图书馆信息服务发展展望[J]．当代图书馆，2018(1)：10-12．

[6] 张敏．大数据背景下图书馆信息服务创新探究[J]．内蒙古科技与经济，2017(6)：118-119，122．

[7] 韩翠峰．大数据时代图书馆的服务创新与发展[J]．图书馆，2013，(1)：121-122．

[8] 余凌．"互联网＋"背景下的图书馆业务重组内容与方向研究[J]．图书与情报，2016，(3)：79-82．

[9] 高琳．大数据思维与图书馆知识资源发现[J]．图书与情报2015，(1)：122-124．

[10] 刘玉江．"互联网＋"视域下高校图书馆社会服务的思考[J]．哈尔滨学院学报，2016(5)：142-144．

[11] 吴敏慧．大数据与图书馆信息服务新构想[J]．图书馆理论与实践，2015(2)：14-16．

[12] 熊太纯等．"互联网＋"时代图书馆互动服务信息内容建设研究[J]．图书馆学研究，2016(13)：52-55，41．

[13] 陈郢．试析数字信息环境下的图书情报服务 [J]．中国民族博览，2018(10)：249-250.

[14] 林天赐．大数据时代公共图书馆信息服务的改革与创新 [J]．传媒论坛，2018.

[15] 刘伟思．图书馆信息资源建设与利用研究 [J]．江苏科技信息，2018.

[16] 郑彦芬，张华玲．知识管理与图书馆信息服务平台构建探讨 [J]．现代情报，2003.

[17] 王雅坤．图书馆信息服务管理研究 [D]，河北大学，2005.

[18] 于源．图书馆综合服务管理信息系统的研究 [D]，大连交通大学，2006.

[19] 豆洪青．图书馆网络信息服务管理研究 [D]．湘潭大学，2005.

[20] 王怕．图书馆业务流程再造优化研究 [D]．山东大学，2013.

[21] 高蝶．高校图书馆组织结构和人力资源管理模式研究 [D]．昆明理工大学，2006.

[22] 李湘穗．数据挖掘方面技术在图书馆管理信息系统中的应用 [D]．吉林大学，2014.

[23] 胡昌平，柯平，王翠萍．信息服务与用户研究 [M]．北京：科技文献出版社，2005：256.

[24] 姚新茹，刘迅芳．现代图书馆读者服务 [M]．北京：海洋出版社，2006：134.

[25] 黄如花．数字信息资源开放存取 [M]．武汉：武汉大学出版社，2017.

[26] 姜广强．现代图书馆资源配置机制与评价 [M]．天津：南开大学出版社，2018.

[27] 蒋伟民等．21世纪国家图书馆数字战略 [M]．北京：北京图书馆出版社，2004.10.

[28] 李景源，陈威，中国公共文化服务发展报告（2007）[M]．北京：社会科学文献出版社，2007.5.

[29] 袁明伦．现代图书馆服务 [M]．成都：四川大学出版社，2013.

[30] 陈建龙，申静．信息服务学导论 [M]．北京：北京大学出版社，

2017.

[31] 陈维. 数字图书馆特色资源共享与服务研究 [M]. 杭州：浙江工商大学出版社，2015.

[32] 杜玉华，李永全. 信息论理论基础教程 [M]. 北京：中国电力出版社，2014.

[33] 谌爱容. 网络环境下图书馆的用户研究与信息服务 [M]. 芜湖：安徽师范大学出版社，2017.

[34] 方意平. 图书馆信息服务理论与实践 [M]. 武汉：武汉出版社，2008.

[35] 郭燕平，王锐英. 大数据时代的图书馆信息服务模式变革 [M]. 北京：中国建筑工业出版社，2018.

[36] 陈维. 数字图书馆特色资源共享与服务研究 [M]. 杭州：浙江工商大学出版社，2015.

[37] 海涛. 信息检索与利用 [M]. 北京：北京航空航天大学出版社，2015.

[38] 江涛，穆颖丽. 现代图书馆服务理论与实践 [M]. 郑州：河南人民出版社，2014.

[39] 李东来，宛玲，金武刚. 公共图书馆信息技术应用 [M]. 北京：北京师范大学出版社，2013.

[40] 梁蜀忠，孙艳. 图书馆信息服务与科学管理 [M]. 北京：军事文化出版社，2013.

[41] 穆丽红，王测致. 图书馆信息研究与服务 [M]. 北京：海洋出版社，2013.

[42] 沈固朝，信息服务与图书馆学教育 [M]. 北京：国家图书馆出版社，2010.

[43] 王军光，马芳，冯宏宇. 大数据下图书馆信息服务模式研究 [M]. 长春：吉林文史出版社，2017.

[44] 郑红京. 网络信息时代图书馆服务创新管理的发展研究 [M]. 长沙：湖南大学出版社，2010.